自由論の構築

自分自身を生きるために

髙山　守——［著］

東京大学出版会

Sich selbst leben:
Grundlagen und Entfaltung des Freiheitskonzeptes
Mamoru TAKAYAMA
University of Tokyo Press, 2013
ISBN 978-4-13-010125-7

はじめに

私たちが自由であるとはどういうことなのかという問いは、はたして問いとして成立するのだろうか。そう思われるほど、その答えは自明であるように見える。すなわち、それは私たちが思いどおりに振る舞えるということである、と。たとえば、ジャンケンをしようということであれば、私はグーを出すこともできるし、パーもチョキも出せる。昼食にカレーライスを食べることもできれば、ラーメンやすしを食べることもできる。いま立っていることも座っていることもできる。こうして私は思いどおりに振る舞える。これが自由であるということである、と。むろんそれはそのとおりだろう。しかし、こうした「自由」に善悪の問題がからむと、たちまち難しい問題となる。たとえば、さまざまな中毒症状をもつ人々、性犯罪を繰り返す人々は、はたして自由なのだろうか。こういう人々も、ある意味ではたしかに思いどおりに振る舞ってはいる。中毒症状に陥った際には、薬物や酒、たばこをひたすら摂取したいと思い、思いどおりに摂取し、欲求を満たす。一定の状況に陥るとひたすら性犯罪を犯したいと思い、思いどおりにする。そうだとすれば、こういう人々も自由なのだと言えそうである。

しかし、むろん一般にこれを自由だとは言わない。それは単に欲望や衝動に駆られているだけで、自分の思いどおりに振る舞っているということにはおよそならない。すなわち、中毒症状を抑えることなく続けるとすれば、それは健康を必ずや損なうだろうし、社会生活にもさまざまな支障をもたらすことになろう。犯罪を犯せば、高い確率で逮捕、拘禁されることになろう。こうしたことは私たちの自由をかえって制限し、消失させる。これが自分の思いどおりのことだなどとは、とても言えない。自由であるとは逆に、こうした中毒症状や性犯罪の遂行といった衝動や欲望から徹底して解放されることであろう。このことこそが思いどおりに振る舞うということであり、自由であるということであろう。通常誰もがこう考えよう。

だが、善悪の問題がからむと難しいというのは、はたしてそうなのだろうかということ、すなわち、私たちが思いどおりに振る舞う、自由であるとは、本当に衝動や欲望から解放されることなのだろうかということにある。たしかに私たちは、法的に正しいこと、道徳的に、あるいは健康上よいことを行なうべきである。しかし、私たちはときにそうしたことに相反する衝動や欲求・欲望を抱こう。そうした際、その衝動や欲求・欲望を、私たちの思いとはおよそ無関係な、もっぱら外的な強制力であると考えることは難しいだろう。そうした衝動や欲求・欲望をもつのは、やはり、ほかならぬ私たち自身であり、そうしたものに突き動かされる振る舞い方も、私たちがそのように振る舞おうという私たち自身の思いによるのではないだろうか。そうであるとするならば、衝動や欲求・欲望に突き動かされる振る舞いも、やはり私たちの思いのとおりになされる振る舞いである――その意味で、自由な振る舞いである――と言いうるし、また言わなければならないように思われるのである。

実際、中毒症状に浸ってしまうとか、犯罪に走ってしまうとかといった衝動的・欲望的な振る舞いも、そのように振る舞う当人がほかならぬ当人自身において遂行する振る舞いであると言えよう。つまり、そうした振る舞いが、たとえどんなに衝動や欲望に駆り立てられてなされるのだとしても、それに対して当人がまったくなすすべがないということはないだろう。むろん、中毒症状に関しては、そうした状態に陥ってしまえば、そこから抜け出すことはほとんどまったく不可能なのであろう。しかし、そうだとしても、事前に医学療法等を受けることによって中毒症状を解消することは可能であろうし、実際多くの人がこれを解消していよう。性犯罪に関しては、物理的および化学的療法なるものが話題になるが、しかし、やはりこれについても本人自身において、そうした犯罪行為から脱却しうると考えるのが一般的だろう。そうであるならば、目下の振る舞いもやはり当人の思いにしたがって、その意味で当人の思いどおりに——自由に——行なわれているのではないだろうか。

だが、そうであるとするならば、いったいどのように振る舞うことが自由であるということになるのだろうか。それはもはや一方的に欲求・欲望・衝動から解放され、理性的に振る舞うこと（善き振る舞いをすること）であると言うわけにはいかないだろう。欲求・欲望・衝動に動かされた振る舞いも、たしかに私たちの思いのとおりの振る舞い——その意味で、自由な振る舞い——なのだから。では私たちはどのように振る舞おうと、そのすべてが自由な振る舞いであるということになるのだろうか。しかし、こうした何でもありという話では、もはや「自由」について問う意味がなくなろう。ついては、「自由」とはそれが問う意味があるものである限り、こうなるのではないだろうか。すなわち、「自由」とは、このいずれか一方の振る舞い方なのではなく、いわばその両者の手前に、あるいはその根底にあるのではないか、と。その手前・根底とは、私たちが欲求・欲望・衝動から解放された振る舞いをするのか、それとも、それに捕らわれた振る舞いをしてしまうのかという、その選択の分岐点であり、この選択の局面そのものである。私たちが自由であるとは根本的には、こうした私たち自身の選択の場面そのもののうちにあるのではないか。自由というものを、このように根本的あるいは根底的な局面で捉えてみると、実は、かのたわいのない自由、すなわちグーを出すかチョキを出すか、カレーを食べるかラーメンを食べるか、立つか座るかといった際の自由とともに、これを一貫した観点で捉えることが可能になるのではないだろうか。

とはいえ、むろん自由の何であるかを捉えるということははなはだ困難な問題である。本書で試みたいことは、ほかでもない、この相当に困難な問題を解き明かすことである。その論述を概観しておくならば、まず第1章においては、さまざまに想定される私たちの振る舞いを丹念に追い、私たちが自由であるとはどういうことなのかを、順次明らかにしてゆく。その際私たちが堅持する観点は、自由とは選択の可能性において成立するということである。この論議を受けて、第2章においてはさらに、私たちが日々生き生きと自由に生きるとはどういうことであるのかを探究する。たしかに私たちは、単なる動物でもロボットでもなく、人間である。それは自由だからである。しかし、だからといって私たちは、日々自由に生きているわけではなく、むしろ自由にならない窮屈さに縛られている。そうしたなかで私たちが自由であるとは、どういうことなのか。ヘーゲルの言う「絶対的な自由」なるものを独自に読み解くことによって、この問いに答える。最後に、第3章においては、一転して自由の問題をいわゆる形而上学的な観点から論じる。世界が因果必然的、あるいは物理法則的に必然的であるのだとするならば、はたして私たちは自由でありうるのだろうか。この問題を、デイヴィドソン、ヴァン・インワーゲン、サールといった英米の代表的な哲学者の論議を批判的に検討することによって丁寧に論じ、自由と必然性とが両立することを明らかにする。

このようにして本書は、自由の問題をごく身近な観点から説き起こし、視野を形而上学的な観点にまで拡げることによって、哲学的な自由論の確固たる基盤の確立をもくろむものである。

自由論の構築——目次

第1章　自由とは何か

——カント、ブラットマン、シェリング、ネーゲルを視野に

私たち人間は自由である、自分の思いどおりに振る舞う。だからこそ、私たちは、単に機械仕掛けのロボットではなく、単なる動物でも植物でもない。まさに人間である。たしかにそうであろう。しかし、自由である――自分の思いどおりに振る舞う――とは、いったいどういうことなのか。この問いは、たしかに、なかなかむずかしい問題なのである。

第1節　選択可能性

この問題をめぐり、「はじめに」を引き継いで、こう考えることから始めたい。すなわち、私たちは、たしかにグーを出すこともチョキを出すこともできる。立つことも座ることも、カレーライスを食べることもラーメンを食べることもできる。さらには、犯罪を犯すことも思いとどまることもできる。つまり、私たちは、自らの振る舞い方を自分自身で選択することができる。そこにこそ、私たちが自由であるということの根本・根底、あるいは原点があるのではないか。私たちが自由であるとは、自らの振る舞い方を自分自身で選択することができるということに――選択の可能性に――あるのではないか、と。

犯罪を犯せる

まずは、犯罪を犯すということを考えてみよう。ある人が殺人を犯したとする。それは、まさしく犯罪で、犯した者は厳しくその責任を問われ、罰を受けよう。だが、そうであるのは、私たち人間がまさに自由であるからであろう。

つまり私たち人間には、自分自らの振る舞いを選択することができるという、選択の可能性が存しているからだろう。目下の場合でも、その人はそのとき、殺人を犯すこともできたのだが、同時に犯さないこともできた。犯すか犯さないかは、ぎりぎりのところで、まさしくその人自身にかかっていたのであり、最終的にその人自身の選択――つまり、その人の「自由」――に委ねられていた。だからこそ、その犯行をめぐっては、その人が指弾され、その責任が問われ、その人に刑罰が科せられるのであろう。振り返って、ロボットや単なる動物のことを考えた場合、これらのものは犯罪を犯すことができないのである。イヌやクマが、また精巧なロボットが人を襲って、たとえ殺してしまったのだとしても、それは犯罪ではない。つまり、それらにその責任を問うて労働の刑を科し、五年間ソリを引かせ続ける、などということにはおよそならない。なぜなら、とにかくもイヌやクマ、そしてロボットには自由がない、つまり別様に振る舞う自由、別様の選択可能性がない、と考えられているからである。

こうして、責任が帰せられるのは、自らの振る舞いを決定しうるもの、つまり、自由なものである。そして通常自由なものと見なされるのは人間である。人間こそが、自らの振る舞い方を自分自身で決定する。そうであるからこそ、人間はまさに人間であり、「私」は「私」である。「私」は、自らの振る舞いの責任を取らねばならず、ときにその振る舞いが犯罪として指弾されるのである。

もとよりこうした事態は、犯罪という事例に限られるわけではなく、日常のさまざまな場面で見て取られよう。すなわち、私たち人間は日常頻繁にその責を問われる。たとえば、目覚まし時計をセットするのを忘れて寝坊をし仕事に遅れた。慌てて出かけたので隣の家の植木鉢に引っかかり、それを壊してしまった。急いで赤信号を無視して渡って子どもの自転車とぶつかって、それを倒してしまった等々。こうした私たちの振る舞いの一つ一つに対して、私たちは責任を取らなければならない。なぜなら、それらの振る舞いはすべて別様でもありえた——別の振る舞いを選択することもできた——のだからである。たとえば、いつもは目覚ましをセットするのだから、そのときも少し注意をしていれば当然セットすることもできた。少しだけ余裕をもてば植木鉢は迂回しえただろうし、やはり信号は守るべきだった等々。こうして、その都度私たちは自由であった。私たちはその都度いくつかの可能性を前に、そのどれをも選択することができた。そうしたなかで、私たちはそのうちの一つを自ら選び取った。だからこそ私たちは、その振る舞いに対して、他のものにその責任を負わせることはできず、私たち自身が責任を取らなければならない。そうであることにおいてこそ、まさに私たちは人間であり、私たち自身なのである。

このようにして、私たちのさまざまな振る舞いが、まさに私たち自身の振る舞いであり、したがって、その振る舞いに——場合によっては、ジャンケンの結果などにも——責任を取らなければならないということも、すべて私たちが自由であるということにこそよっていよう。そして、私たち（人間）が自由であるとは、私たちが振る舞うに際して、その都度選択の可能性があるということなのだと、たしかに言うことができよう。

動機づけ——相応の理由

ところで、このようにして自由とは、選択の可能性において成立するというわけだが、そうであることにおいて着目するべきは、まずは次のことである。すなわち、私たちが選択をして遂行する振る舞いは、自らの欲求・欲望等、それに社会の規範や秩序を踏まえつつ、しかるべく動機づけられ理由づけられていなければならない、ということである。

再び由々しき例だが、犯罪、それも殺人ということを考えてみるならば、それがまさに犯罪、つまり、それを犯した者の自由な振る舞いであったのだとするならば、それはそれなりにきちんと動機づけがなされているのでなければならない。もとより、その動機づけは多様なものでありえよう。怨恨、物取り、妄想、さらには、人を傷つけて快感を得ようという愉快犯的欲望等々。だが、いずれにしても犯罪はそうしたものによって、それ相応に動機づけられていなければならない。そうでなければ、その振る舞いは自由な振る舞いではない、つまりその者自身の振る舞いではない、ということになってしまおう。たとえば、あるとき殺人が犯されたが、それを犯した者がまったく動機をもっていなかったとする。怨恨をもっていたわけでもないし、物を取ろうとしたわけでもない。何かの妄想に駆られていたわけでもないし、また、人を殺して快感を得たいという欲望をもっていたわけでもない。人を殺す理由はこうして皆無であった。にもかかわらず、殺人がなされた。とすれば、私たちはこの「殺人」なるものにどう対応することができるのだろうか。それは、ほとんどこう言いうるものであろう。その「殺人」は、誰によって犯されたものでもない。そこには、行為者なるものはどこにも見いだすことはできない、と。ここに私たちのできることと言えば、その人を徹底した保護観察下に置く、あるいは病であれば、それを治癒させるということくらいだろう。

こうして、殺人という犯罪が、まさに犯罪として行なわれるとすれば、それはそれなりにきちんと動機づけられ理由づけられていなければならない。それは、殺人行為を思いとどまった場合でも同様である。そこにはやはり相応の動機、理由がなければならないし、実際それはあるだろう。いうまでもなく、犯罪とりわけ殺人はこのうえなく重大な悪事であるということである。それは法的にも道徳的にも許されないし、また発覚すれば重い刑罰を受け、その影響は自分一身に留まるものではない等々、と。

重大犯罪を前にして、私たちは実行してしまうか、思いとどまるかの岐路に立たされる。ただ、その際、そのいずれの選択肢を選択するにしても、そのいずれもが、しかるべく動機づけられ理由づけられていなければならないのである。

これはむろん、こうした特殊な犯罪的な事例に関してのみ言われることではない。先にも挙げた日常の諸場面においてもまったく同様である。すなわち、前の晩うっかり目覚まし時計をセットするのを忘れて寝坊をしてしまった。しかし、少し注意をし、わずかの労をいとわなかったとすれば、たとえば目のつくところにあらかじめ、ちょっとメモ書きでもしておくとか、ふと気のついたときにセットしておくとかといったことをしていれば、そんなことにはならなかった。それは、まさしく私たち自身の振る舞い、つまり落ち度であり責任である。というわけだが、要するにそれは面倒なので手を抜くという、しかるべく動機づけられた選択肢と、それでも寝坊をしないように周到に注意し準備するという、やはり相応に動機づけられた別の選択肢との間で、私たち自身が自分自らにおいて、前者を選択したのだということであろう。そうであることにおいて、それは正真正銘私たちの自由な振る舞いであったということである。そのほかの多くの諸例についても同様である。

ほかならぬ私たち自身によってなされる自由な振る舞いとは、もとより、いくつかの選択肢のなかから一つを選択するという、選択の可能性において成立する。だが、その選択肢は、このように総じて、しかるべく動機づけられ理由づけられていなければならないのである。

選択肢の一方が自由なのか——カント、ブラットマン、シェリング

私たちの自由な振る舞いとは、こうして相応に動機づけられたいくつかの選択肢のうちの一つを選択して遂行されるというわけなのだが、これに関して、しばしば表明されるのが次のような見解である。すなわち、自由な振る舞いとは、たしかにそのように選択によって遂行されるものであるのだが、しかしそれは、選択肢のいずれの選択によっても成立するというわけではない。そうではなく、それはある特定の選択肢の選択に基づくものなのであり、その特定の選択肢に基づいた振る舞いこそが自由な振る舞いなのである、と。

この特定の選択肢とは、一般的に言えば、「理性に基づいた」、つまり「理性的」もしくは「合理的」な振る舞いにほかならない。こうした見解は、典型的にはカントによって示される。

①カントの「善意志」論

よく知られているように、カントは自由であるということと、道徳的であるということとを同一視する。『道徳形而上学の基礎づけ』（一七八五年）を見てみよう。そこに、こう言われている。「自由な意志と道徳法則のもとにある意志とは、同じものである」（IV.447）、と。さらには、この「自由な意志」即「道徳法則のもとにある意志」とは、「善意志」（IV.393）にほかならず、また、この「善意志」とは「実践理性」にほかならない（IV.412f.）、とも。自由であるということは道徳法則に従うこと、道徳的であることであり、道徳的であるとは、いうまでもなく、よいことを行なう（「意志する」「選択する」（IV.412））ことである。そして、よいことを行なう（選択する）こととは、理性に

従うこと、理性的であることである、というのである（自由＝道徳的＝善＝理性）。

カントの例に即すならば、ある人が困窮の故に借金をしようとする。しかし、それを返済する当てはまったくない。その人が、必ず返済すると偽って借金をしてしまおうか、やはり偽りは慎んで借金を諦めようか、この二つの選択肢を前に悩む。カントによれば、こうした状況において、その人が自由であると言いうるのは、偽りを慎む方の選択肢を選んだ場合であり、かつ、その場合のみである。その場合にのみ、その人は道徳的であったのであり、善を行なったのであり、理性的（合理的）であった。つまり、自由であったのである。そうでない場合には、不道徳であり、悪を行なったのであり、理性的（合理的）ではなかった。したがって、自由ではなかったのである。

ここで、カントの「理性的（合理的）ではない」という表現に着目すれば、その典型的な意味は、こうである。すなわち、もし皆が、必要な場合には、守るつもりのない約束をもするのだということになれば、誰も約束なるものを信じなくなり、結局のところ、約束をするということ自体が成立しなくなってしまう。それは、「自己矛盾」である、つまり、理性的（合理的）ではない（IV.422）、と。実際それは――カントの論議からは離れるが、一般的にも――当人にとって理性的（合理的）なことではないだろう。というのも、その人はいざとなれば守れもしない約束をやってのけるのだ、ということが知れ渡れば、その人にとって計り知れないダメージとなろうからである。そうである限り、こうした理性的（合理的）でない不道徳で悪しき振る舞いは、たしかにそれ自体自由を阻害する、非・自由な振る舞いであると言いえよう（不道徳＝悪＝非理性［不合理］＝非・自由）。

もとより、こうした自由ならざる悪しき振る舞いとは、「感性の衝動」「欲望」によって引き起こされるものである（IV.454）。そうである限り、それはまさしく欲望に引きずられた、欲望の奴隷となった振る舞いであり、自らの自由を失った振る舞いなのである。

こうしてカントの立場とは、法や道徳などの社会規範をきちんと遵守するという立場であり、しかもそれを徹底して——端的にそれが法であり道徳であるからこそ——遵守するという、そういう立場である。この遵守においてこそ私たちは自由なのだ、というのである。この種の論議は、「はじめに」でも触れたように広く説得力をもつ。私たちは法的に、そして道徳的に——また、健康上——悪い、もしくは好ましくないと見なされることを行なったときには、欲望に負けた、自由を失ったとたしかに思おう。身近な例では、高価な拾いものを届け出なかったとき、助けを求めている人々を尻目に何もせず立ち去ったとき、電車でお年寄りに席を譲らなかったとき、そして、控えるべきことが分かっているにもかかわらず、ケーキや塩分過多の料理やお酒を飲食してしまったとき等々。これに対して、きちんと法的、道徳的、そして健康的に振る舞ったときには、なるほど何となく晴れ晴れとした自由な気持ちになるものだろう。私は欲望を振り払って自由に振る舞ったのだ、と。

②M・ブラットマンの「合理的で」「無理のない」計画論

このようなカントの理性主義的、あるいは理想主義的な系譜は、現代、たとえばブラットマンによって引き継がれている、と見ることができよう。

（1）それによれば、「私たち人間は、計画する生き物である」（Ta 271）。すなわち、私たちは本来「未来についての計画をあらかじめ確定し」（ibid.）、その計画に従って行動する。その際その計画は、どのようにして立てられるのかというと、「合理的（rational）」かつ「無理のない（reasonable）」仕方においてであるという。たとえば、きょうは大学で出席しなければならない会議がある。とすれば、私たちはとにかくも、きょう一日の行動計画を立てようとするだろう。その際、この会議がその計画の核となろう。まずは午後二時からの会議に出席する、と。もとより、それは「合理的（理性的）な」ことである。そして、引き続き計画作成が試みられよう。すなわち、その後入院中の母を見舞い、帰宅後夕食を取って、その後若干の仕事をしよう等々、と。こうして、私たちはたしかに、「合理的（理性的）で」「無理のない」自らの計画に従って行動しよう。そして、少なくとも、ブラットマンの言うように、何か特別の事情が生じない限りは、その計画に従って行動しようとするだろう。

むろん、このような計画に従って行動するということが自由であるということだ、というわけだが、ブラットマンがこうした論議を展開する意図は、少なくとも次の点にあると見ることができるだろう。すなわち、一つには、他の動物には見られない、とりわけ人間固有のあり方としての自由というものを捉えるということ（動物は計画しないということ）である。また一つには、自由に振る舞う「私」自身なるものを、特有の自己原因的な存在と捉えること――いわゆる、行為者因果性――を避けようということ（きちんと周囲の状況に応じて計画し振る舞うということ）、ブラットマンの表現によれば、「行為の原因について論じる際、行為者を別個の一要素と見なすことは避ける」（Rf 27）ということである。

目下の英米系の自由論を見る限り、こうした観点はきわめて重要であるわけだが、私たちはこれを共有しない。というのも、まずは、人間と他の動物とをいわば質的に異なるものとし、両者を完全に非連続のものと見なす必要は必ずしもないと思われるからである。たしかに人間こそが自由である。しかし、人間のみが特権的に自由なのかといえば、それはまた別の話である。次には、自由に振る舞う「私」なるものは、因果関係とはまったく無縁のもの、それとはまったく関わらないものと考えられうるからである。詳細は第3章に譲るが、行為に関してのみならず、総じて世界のあり方そのものに関して、因果関係もしくは因果連鎖なるものを考えることは、したがって、そうした系列から外れる「別個の一要素」なるものを考えるということは、少なくとも、存在論的もしくは形而上学的な観点からすれば、誤った想念なのである――つまり、そもそも行為者因果などという事態が存在しない――。したがって、私たちは、そうしたことには関与しない。そうであることにおいて、ここで着目しておきたいのは、ブラットマンが基本的にカントの「善意志」論を引き継いでいるという点である。

すなわち、ブラットマンは法的、道徳的、あるいは健康上、問題的な事態に論及する。その事態が一括して挙げられる箇所を再現しておけば、こうである。「復讐を遂げたい、辛辣な言葉を投げかけたい、中毒状態にある薬物を摂取したい、二歳になる子供が泣き叫んでいるのを平手打ちしたい、先延ばしにしたい、性的誘惑を追い求めたい、偽りの約束をしたい」(Rf 23)。問題は、こうした事態に立ち入った際に私たちは、どういう計画を立てることになるのだろうか、である。たとえば、私たちが復讐のために殺人という完全犯罪を成し遂げたいと思ったとする。そのために完璧と思われる計画を立てる。そして、この殺人を計画通りに実行する。あるいは先の会議の例によれば、私たちはいま出席しなければならない会議をサボろうとしている。それで偽りの電話をかけて云々という計画を立て始めている。そして、この計画に従って行動しようとしている。ここにおいて問われることは、こうである。こうした場合、私たちは「合理的(理性的)で」「無理のない」計画を立てているのだろうか、つまり、私たちは自由なのだろうか、と。

(2) むろん予想されるとおり、ブラットマンは、それを自由な行為であるとは言わない。これについてのブラットマンの論議は、次のようである。すなわち、ここでまず導入されるのが「一階の欲求」という規定である。たとえば、完全犯罪で復讐を遂げたい、会議をサボって楽をしたいというのが、「一階の欲求」である。そして次に導入されるのが、「二階の欲求」もしくは「弱い反省」である。それは「一階の欲求を肯定ないし否定する能力」(Rf 24) であるという。つまり、犯罪を犯して復讐を遂げたいという「一階の欲求」を肯定したい、もしくは否定したいという、一段高次の「欲求」もしくは「反省」である。この「二階の欲求」は「一階の欲求」と必ずしも対立するものではないが、目下の例のような場合は通常対立する。すなわち、犯罪を犯して復讐を遂げたい、あるいは会議をサボって楽をしたいなどとは、やはり欲したくない――そうした欲求は否定したい――と私たちは欲する（考える）。それが「二階の欲求」「弱い反省」である。

さらにブラットマンは、ここにもう一つの規定を導入する。それは「強い反省」とよばれる。それは、「一階の欲求に対して私がどのような立場をとるかを決定する能力」(Rf 24) に基づいて打ち出される「自己統制的方針 (self-governing policies)」(Rf 32ff.) である、という。これは自らの長期的な生活方針のようなもので、たとえば、こうである。「他人に対して短気な態度をあまりとらないようにしよう」「チョコレートをはじめとするさまざまな誘惑にあまり引きつけられないようにしよう」(Rf 33)、と。こうした方針のもとで、目下の例に即せば、私たちは復讐を遂げたい、会議をサボりたいという「一階の欲求」に対して、自己統制を利かせ、そんな欲求を自分はもちたくないという「第二の欲求」=「弱い反省」の立場に立とうと決定（決意）する。ブラットマンによれば、私たちの計画は法的、道徳的、あるいは健康上、問題的な要因が介在する場合には、このような「強い反省」が機能することにおいてこそ「合理的で」「無理のない」形で立てられるのである。

こうした論議は、基本的な考え方としては「善意志」論であろう。むろん、純粋にその論議を追う限りでは、そうではないケースも容認するように見える。たとえば、自分は冷酷に生きたいと思い、他人に同情を寄せたいなどという「一階の欲求」に対しては、そんな欲求はもちたくない（もつべきではない）という「二階の欲求」（「弱い反省」）をもち、さらには「同情によって冷酷さが鈍ることのないようにしよう」という「強い反省」（「自己統制的方針」）を抱いているという、そういう人を考えた場合である。このような人が自らの行動計画を立てて行動するならば、それは決して「善意志」によるものとは言えないだろう。にもかかわらず、これも一定の計画に基づいた自由な行動であるように見えよう。しかし目下の論議を見る限り、ブラットマンにおいては、このような計画は「合理的で」「無理のない」計画とはならない、と考えられていよう。徹底した冷酷な振る舞いなどというものには、必ずや無理が伴うだろうから。そうであるならば、「強い反省」とは、やはり悪しき「一階の欲求」から私たちを解放する善き反省（善き意志）なのではあるまいか。つまり、「計画する生き物」である私たち人間の立てる計画とは、「自己統制的方針」――善意志――のもとで、「合理的で」「無理のない」仕方で立てられるべきものであり、そうであることによってこそ、その計画は「無理のない安定性」（Ta 279）をもつ、適切な計画なのである。そして、そのような計画に従って振る舞うことこそが、私たちが自由であるということなのである。

③悪しき生を生きる自由

このようなカントの「善意志」論、そしてブラットマンの「合理的で」「無理のない」計画論は、たしかに一定の説得力がある。それどころか、それは繰り返すように、広く一般に承認されうるものであろう。私たちが自由であるとは、悪しき衝動・欲求・欲望を振り払い、法的、道徳的、そして健康的によい振る舞いをすることにほかならない、と。実際、中毒症状や性犯罪的衝動、不法な復讐欲、不道徳な自己中心的欲動、さらには不健康な飲食欲求等々から解放され、総体として善き生を生きること、これこそが自由であるということについては、ほとんど誰も反対しないだろう。

しかし、ここには一つの根本的な問題がある。それは、――「はじめに」で言及したように――私たちがこうした善き生を生きず、悪しき生を生きてしまった場合、その悪しき生は、何によってもたらされたのかという問題である。たとえば、私が衝動に駆られて相手を殴りつけてしまった、性犯罪を犯してしまった、あるいは欲望に駆られて計画殺人を犯した、間近で苦しむ人を無視したということになったとすると、私がそうするに至ったのは、何によるのだろうか。こう問えば、しばしば次のように答えられるだろう。それは当該の衝動や欲望、欲求によるのだ、と。たしかに、そうも見える。しかし、そうなのだとすると、そのような悪しき生の咎は、「私」にはないことにもなろう。なぜなら、このような悪しき生をもたらしたものは、当該の衝動や欲望、欲求なのだから。そして、そうした衝動や欲求、欲望は、「私」が「私」自らに付与したものではないのだから。要するに、悪しき生をもたらしたものは、「私」ではないことになろうからである。

しかし、これは奇妙な話だろう。悪しき生の咎は、やはり「私」が負わなければならない。それは、衝動や欲望、欲求のせいではなく、「私」のせいなのでなければならない。だが、そうだとすれば、悪しき生をもたらしたものは、やはり「私」自身でなければならないのである。つまり「私」は、相手を殴りつけることも思いとどまることもできた、性犯罪を犯すことも犯さないことも可能であった、計画殺人をもくろむことも放棄することも、間近で苦しむ人を助けることも無視することも可能であった。そうしたなかで、私は結局相手を殴りつけ、性犯罪を犯し、計画殺人を遂行し、苦しむ人を無視した。そうであるとすれば、それは、「私」がそうしないことも可能であったなかで遂行した、つまり自らの自由選択においてなした振る舞いであろう。したがって、それもまた「私」の自由な振る舞いであると見なさなければならないのである。

④カントの「根源悪」論

このように見るならば、私たちが自由であるのは、決して単に、善き生を生きる場合のみではない。そうではなく、悪しき生を生きるとしても、それもやはり、私たちの自由な生でなければならないのである。こうしたことは、実は、かの「善意志」論を展開したカント自身も了解していることであった。

たとえば、『単なる理性の限界内における宗教』（一七九〇年）においては、第1章がこう題されている。「善の原理とならぶ悪の原理の内在について、すなわち、人間の自然本性（Natur）における根源悪について」（IV.19）、と。ここにおいて、有名な「根源悪（das radikale Böse）」——人間は、自らの自然的な本性に内在している根源（「原理」、「根拠」）のゆえに、悪を犯さざるをえないということ——が、主題化される。その議論のなかで、カントはこう言う（IV.21）。「悪の根拠」は、たしかに「人間の自然本性」のうちにあるのだが、しかし、だからといって、それが単に「自然衝動のうちに存している」ということでは「ありえない」。「なぜなら、この根拠が、最終的にそれ自体……単なる自然衝動であるのだとするならば、自由の行使は全面的に、自然原因によって規定されているということにならざるをえない。しかし、そのことは自由というものと相容れないからである」、と。さらに、こう続く。「人間の自然本性」のうちにある、こうした「悪の根拠」とは、「(客観的な道徳的法則のもとで)人間が総じて自由であるという際に、その自由を行使する主観的根拠」にほかならない。すなわち、私たち人間は、そもそも道徳法則のもとで自由に振る舞うのだが、しかしその際、悪をも行なってしまう、そうした「主観的根拠」が「人間の自然本性」のうちにある、と。

私たちが悪い行ないをしてしまう時、私たちは、その淵源(「根拠」)を私たち自身(私たちの「自然本性」)のうちにもっている。しかし、この私たちの「自然本性」とは決して単なる「自然衝動」ではない。もしそれが単なる「自然衝動」であるのならば、およそ自由などというものはありえないことになってしまう。というのも、悪い行ないをしたのは、それをもなしうる自由な私たちではなく、単なる「自然衝動」なのだということになってしまうからである。しかし、決してそうではない。悪い行ないをしたのは、やはり私たち自身なのである。というのも、この「自然本性」とは、そこにおいて、私たちの自由が「行使」される「主観的根拠」の在りか、もしくは、この「主観的根拠」そのものなのだからである。この「主観的根拠」(「自然本性」)において、実に、私たちの自由が「行使」され、ほかならぬ私たち自身が悪しきことも行なう。こうカントは論じるのである。

ここには、自由をめぐる動揺が存しているとも言えよう。しかし、その真相は、ここに位相の異なる「自由」が提示されているということだろう。すなわち、一つは「善意志」の遂行する実践的「自由」であり、もう一つは、人間の自然本性に淵源をもつ、悪しき生をも遂行しうる根底的「自由」である。ついては、この後者の「自由」、つまり悪をもなしうる「自由」こそが、私たち人間にとって、いっそう根本的な自由であると言うことができるのではないだろうか。私たちがまずもって捉えたいのは、この根本的・根底的な自由である。

⑤シェリングの「善と悪との能力」論

私たちが自由であるとは、必ずしも、法的、道徳的、健康的によい振る舞いをすることではない。むろん、これは、悪しき衝動や欲求からの解放である限り、自由な振る舞いではある。しかし、いっそう根本的には、私たち人間はこうしたいわゆる自由な振る舞いをも、一つの選択肢としているのである。すなわち、私たちは自らが振る舞う際に、いわゆる自由な振る舞いを選択することができる。しかし、他方で、私たちはこの自由を喪失する、自由ならざる振る舞いをも選択することができるのである。私たちの自由とは、こうして根本的・根底的には、いわば自由とその喪失とを選択する「自由」なのである。ここにおいては、自由を喪失する悪しき振る舞いもまた、ほかならぬ私たちの「自由」において成立する。

この点でシェリングは、私たち人間の「自由」を、単によいことを行なうことができること、すなわち、善の能力であるとは捉えなかった。そうではなく、同時に悪しきことを行なうこともできること、すなわち「善と悪との能力」(7.352) であると捉えたのである。その論議は人間の特異性・固有性を強調するものだが、ここで少々耳を傾けておこう。

> 人間のうちには、暗い原理の全勢力が存する。そして、まさに同じ人間のうちに同時に、光の全勢力も存する。人間のうちにこそ、最も深い深淵と最も高い天空とが、つまり、この二つの中心が存する。(7.363)

そうであることにおいて、もとより善を行ないうるのは人間であるのだが、悪を行ないうるのももっぱら人間だ、という。

悪の能力のあるものはただ、およそ目に見える限りの被造物のうちで最も完全なものである人間のみである。(7.368)

そして、「悪」とは、決して何らかの「善」の欠如態といった消極的なものではない。そうではなく、それは、「善」と並び立ちうるもの、あるいは、それ以上に積極的なものなのである。

悪はしばしば、ずっとまれにしか善には伴わないような、個々の諸力の卓越さと結びついて現われる。(7.369)

両者［善と悪］における実質的なものは同一である(こうした面からすれば、悪が善よりもいっそう制限されたもの、いっそう劣ったものであるということはない)。だが、両者における形式的なものはおよそ異なっている。……したがって必然的に、悪においても善におけると同様に、ある本質が存在しなければならない。ただ悪においてその本質は善と対立したものであり、それが善に含まれている音律を、不調な非音律へと転倒させるのである。(7.370)(引用文中の［　］内は、引用者の補足。以下同様)

こうして、私たち人間の「自由」とは決して単に「善の能力」なのではなく、あくまでも「善と悪との能力」である。それは単によい振る舞いをしうるということのみでなく、悪しき振る舞いをもなしうるということ、つまり、この選択可能性そのもののうちに存しているのである。

ここで私たちが聞き取っておきたいことは、まさにこのこと、人間とは「善と悪との能力」であるということである。

⑥選択可能性における自由

目下の私たちの論議は、犯罪を犯すということから始まったわけだが、これまでの論議をとおして、いまこの点にまで到達した。それによれば、私たちが人間であるとは、私たちが自由であるということであり、また、私たちが自由であるとは、根本的には私たちが選択の可能性のうちにあるということである、と。善悪が関わる場合でも、私たち人間が自由であるとは、決して一方的に、よい（なすべき）振る舞いを遂行するということではない。むろん、よい振る舞いをすることこそが、私たちが自由であるということなのだと、一般に広く認められてはいる。しかし、私たちの「自由」は、根本的には一段深層にある。それは、よい振る舞いをも一つの選択肢とするということである。すなわち、私たちが自由であるとは、よい振る舞いをするか悪しき振る舞いをするかを、私たち自身が自ら選択するという、選択可能性のうちにあるということである。こう了解することによってこそ、私たちの自由を一貫した観点――選択可能性という観点――のもとで捉えることができよう。

選択は、いかになしうるのか

いまや、私たちの「自由」の内実が明らかになりそうである。すなわち、「自由」とは、しかるべく理由づけられた選択肢のいずれかを選択しうること——要するに、選択可能性——である、と。

しかし、ここにはなお一つの困難な問題がはらまれている。では、私たちはいくつかの選択肢を前にして、はたして、どのようにして、そのうちの一つを選択するのだろうか、と。

ブラットマンの議論を振り返るならば、その際に大きな役割を果たすのが「強い反省」であり、「自己統制的方針」であった。すなわち、選択肢のうちに善悪の要素が介在している場合には、「強い反省」が働いて、よい方の選択肢が選択されるのである。しかし、実際のところ、「強い反省」がいつでも悪しき「一階の欲求」を押さえ込み、それによって、いつでもよい計画が立てられ、よい振る舞いがなされるというわけにはいかないだろう。もとより、しばしば「一階の欲求」が「強い反省」を打ち負かしてしまうのであり、悪しき計画が立てられ、悪しき振る舞いがなされる。その際、私たちの自由とは根本的には、「強い反省」と「一階の欲求」という、この両者のうちの一方を選択するという、選択可能性として存しよう。いうならば、それは「強い反省」と「一階の欲求」との間の綱引きなのである。

それでは、この勝敗を分けるのは何によっているのだろうか。どういう場合に「強い反省」が打ち勝ち、また、どういう場合に「一階の欲求」が打ち勝つのか。一般的に言えば、いくつかの選択肢があった場合に、私たちはどのようにして、そのうちの一つを選択するに至るのか。

①状況および内的諸要因

まずは、先に言及した日常のケースによってみよう。すなわち、前の晩、私はうっかりして目覚まし時計をセットするのを忘れた、と。先にも述べたように、わずかの労をいとわなければ、その忘却を回避することができた。ふと気のついたときに、セットしてしまえばよかったのである。実際、これまでしばしばそうしてきた。なのに、きのうはそうしなかった。バカだったと私は思う。

日常よくある小事だが、問題はこうである。すなわち、私はあるときは注意をし、労をいとわず、気のついたときに目覚ましをセットする。だが、あるときは私は注意を怠り、わずかの労を惜しんで目覚ましのセットを後回しにする。この違いは何によるのだろうか、と。

これについては、通常こう考えられよう。それはやはり、どこかに違いがあったのだ、と。たとえば、目覚ましをセットしたときは、ほかにはそれほど気を取られるようなことは抱えておらず、割合とゆったりとした気持ちであるのに対して、セットしなかったときは、やらなければならないことに迫られていて、気持ちに余裕がないとか、あるいは、セットしようとしていたときに、ふと何か別のことに気を取られたとかという、そういう状況であった、と。

たしかにそうなのだろう。しかし、そうだとすると、実に問題が生じている。もしそのようにして、その時々の私の振る舞いが、その時々の状況によっているのだとすれば、それは、はたして自由な振る舞いなのだろうか、と。何となく慌ただしい状況下で、気持ちに余裕がないときには、たしかに小事は怠りがちだろう。状況に余裕があって気持ちが落ち着いているときには、万事気が回ることになりえよう。しかし、もしそのように、そのときの状況によって私の気の持ちようが変わり、私の振る舞いが決まるのだとすれば、それは、そのときの状況によって決まるのであって、そこに私の自由は存さない、ということにならないだろうか。

これに対しては、次のように言われるかもしれない。その時々の状況によって私の気の持ちようが変わる、つまり、その時々の私のあり方が決まるということであるにしても、その変わり方、決まり方は人それぞれであって、そこに私たち一人一人の個性が表現されよう。したがって、その時々の振る舞いは、私自身がその固有性において行なったのであり、したがって、それは自由になされたものなのだ、と。しかし、そうなのだろうか。ほぼ同じ状況で、私はばたばたと落ち着きを失ってしまうが、あの人は落ち着き払っている——おおむねそうだ——という。そうであるならば、こう問わざるをえないだろう。はたして、そこに私たちの自由などというものがあるのだろうか、と。というのも、そうなのだとすれば、私たちの個性・固有性などというものも、結局あらかじめ決まってしまっている、ということにならざるをえないように思われるからである。つまり、そこには選択の可能性はないのである。私たち自身というもの——私たちの個性的な振る舞い方——も、何らかの既存の要因に解消してしまっているのだから。それゆえに、私たちがどう振る舞うかは、あらかじめ決まってしまっているのだから。

このことは、衝動的な振る舞いといった場合でも同様だろう。相手と話しているうちに、相手を思いきり殴りつけたいという抑えがたい衝動に駆られた。それで、その人はそのまま相手を殴りつけてしまった。しかし、別の人はほぼ同様の衝動に駆られたが、ぎりぎりのところで思いとどまった。すると問題は、この二人の違いは何に由来するのかである。それは生まれつきの性格なのだろうか。一方の人は生来、直情型で、他方の人は熟慮型であるからなのだろうか。それとも育った環境なのだろうか。一方は小さいときから荒っぽい遊び仲間のなかで育ち、他方は穏やかな家庭環境で育ったから、ということなのだろうか。あるいはまた、そのときの状況はよく似てはいたが、実は微妙に違っていたのであって、振る舞いの違いはこの状況の微妙な違いによった、ということなのだろうか。むろん一般的には、二人の振る舞いの違いは、こうしたさまざまなちがいの複合的な帰結なのだ、ということになろう。

しかし、そうなのだとすれば、やはり目覚ましのセットの場合と同様のことにならざるをえないだろう。すなわち、その人が相手を殴りつけたのは、生来、直情の傾向があり、荒っぽい仲間に惹かれ、交わり、攻撃的な性格が強まったということ、また、そのほかそうした類の無数の要因があったということ、そして、そうした状況下でその忍耐限度を超えた憤怒の情動がその人を襲ったということ、このことによっているのだ、と。だが、そうだとすると、この人が殴りつけたのは、当人の性癖や友人関係や、そのほか諸々の要因のゆえであり、そこに襲った激しい情動のゆえであるということになろう。しかし、そうであるならば、ここに、その人自身、その人の固有性などというものが存しうるのだろうか。この人自身なるものを、その固有性なるものを探し出そうと、その人の奥深くまで立ち入ってみても、見いだせるものはその人を規定している諸要因ばかりで、結局その人自身などというものはどこにも見いだせない。この人なるものは、これら諸要因に解消してしまうのである。こうして、この人の振る舞いは、これら諸要因によって決められているということにならざるをえない。ここには選択の可能性などというものはおよそないのであり、端的に、この人は自由ではないということなのである。状況の微妙な違いということに関しても同様だろう。ひたすら状況の違いによって、相手を殴りつけたり自制したりということがなされるのであれば、それは状況のせいなのであって、その人のせいではない。そこには選択の可能性、つまり自由はないことになろう。

私たちはたしかに、私たちが何らかの仕方で振る舞った際には、私たちをそのように振る舞わせた――その選択肢を選択させた――何らかの状況や内在的な諸要因があると考える。だが、そうだとすると、私たちの振る舞いは、その状況や内的な諸要因によって決定されてしまうことになり、したがって、それは自由な振る舞いではないということになってしまうのである。つまり、私たちは自由ではないのだ、と。

では、そうではないとすると、私たちが振る舞う際の選択肢は、何によって決定されるのだろうか。私たちは、いったい何に基づいて、自らの振る舞いを決定するのだろうか。

②理由（根拠）の不在

この問いは、実に不思議な問いなのである。というのも、この問いに対しては、どうにも答えが見つかりそうにないからである。再び目覚まし時計のセットの場面によるならば、これが私たちの自由な振る舞いである限り、私たちにはこれをセットするかしないかという選択の可能性があった。そうしたなかで、私たちはいずれにしても一方を選び取ったわけである。しかし、その一方を選び取った理由は、その折りの状況でも、自らの内的諸要因でもない。とすると、それは何なのか。もちろん結局、それをセットしたのだとすれば、〈翌日寝坊しないようにきちんと用意しよう〉という動機・理由によったのであり、セットしなかったのだとすれば、〈面倒くさいから後にしよう〉という動機・理由によったのである。しかし、いま問題なのは、そのような選択肢のそれぞれについての動機・理由ではない。つまり、一方が選択されて実際に振る舞われた限りでの、当の振る舞いの動機・理由ではない。そうではなく、そもそも、その一方が選択されるという選択の際の理由（根拠）である。それは、いったい何なのだろうか（ちなみに、目下の問題は自らの振る舞いそのものに直接関わる理由ではなく、その選択に関わる、いわばメタレベルの理由であることから、「動機・理由」ではなく、「理由・根拠」もしくは「理由（根拠）」と表現する）。

むろん、目下の選択に際し、そこに理由（根拠）がまったくないということは、とりあえずありそうにない。なぜなら、もしそうだとすれば、その選択は、「私」の選択だとは言えなくなってしまいそうだから。すなわち、「私」は目覚まし時計をセットした。しかし、そのことを選択する際には、何の理由もなかった。したがって、まったく同等に、それをセットしないこともありえた。どちらも完全に等しくありえた、とする。そうだとすると、その選択は、はたして「私」の選択だと言えるだろうか。それは結局、「私」以外の何かによって、フッとそうさせられたという、そんな選択となってしまいかねない。そうであるならば、その振る舞いは、誰にも帰属しない振る舞いと同様のものとなってしまおう。

このことは、相手を殴りつけるか、その衝動を抑えるかという場合でも、まったく同様である。そのいずれにも、相応の動機・理由がある。相手を殴りつけるということについては、相手を殴りつけたいという抑えがたい衝動に駆られたという動機・理由があり、また、殴ることを思いとどまったとすれば、たとえば、どこまでも節度は守りたいという強い思いがその衝動を上回ったという、しかるべき動機・理由がある。だが、こうしていずれにもしかるべき動機・理由がある、この選択肢のいずれかを選択するということについては、どうだろうか。もし先に言及した、その場の状況・内的な諸要因が、その選択の理由（根拠）ではないのだとしたら、いったい何が、その理由（根拠）なのだろうか。たしかに、それがないということはありそうにない。しかし、それが何であるかは、実に分からないのである。

いったい、私たちは、どのような理由で選択肢の一方を選び取るのか。

③選択肢はどう決められるのか

この不思議な問題は、熟慮のうえで振る舞い方を決めるという場面に焦点を当てるならば、次のようになる。すなわち、私たちはいま、熟慮のうえで、いくつかの選択肢のなかから一つを選び取りたいと考えているわけだが、この選択はどのようにしてなされるのか、と。

先に一日の計画を立てるということを論じた際の例によるならば、いま「私」は、一方できょう午後の会議にきちんと出席しようかと考えている。その会議はそれなりに大事なものであって、目下の状況であれば出席しないと何となく居心地が悪く、自分を偽るような気がするから。しかし、他方で「私」はきょうは何となくゆっくりしたい。きょうはこの気持ちを優先しても、罰は当たらないような気がする。なので、きょうはサボろうかとも思っている。

この二つの選択肢を前に、「私」は大いに迷っている。きちんと責務を果たそうか、放棄してしまおうか。ここで「私」が行なうことは、とりわけ放棄するという選択肢をめぐって、それを正当化しうる理由を思いつく限り列挙するといったことだろう。このところ会議が立て込んでいたが、これまではそのすべてに出席し、それなりに責務は果たしてきた。自分勝手かもしれないが、ここで若干の休みを取るのは半ば権利だろう。実際は、ただ休みを取るというのではなく、きちんと論文書きだってするのだ等々。しかし、どんな立派な言い訳を思いついたとしても、なお後ろめたい気持ちはぬぐえない。

こうして「私」は、会議を欠席するということについての理由（根拠）を見いだそうと懸命になる。ところが、その理由（根拠）は、どんなに一生懸命探し出そうとしてみても、見つけることができないのである。こうしたなかで「私」は大いに思い悩む。思い悩みつつ、「私」はいずれにしても選択肢のうちの一方を選ばざるをえない。だが、それはいったい、どのようになされうるのか。

ネーゲルの議論

この不思議な問題をめぐっては、さまざまな議論があるわけだが、T・ネーゲルがこれを正面から取り上げ、論議を展開している（以下の訳は一部改変した）。

（1）まずネーゲルは、私たちが自由であるあり方を「自律」と表現しつつ、こう言う。

自律［自由］という直観的な了解は、ある行為が、なぜなされたのかを説明できると同時に、できないという相矛盾する要素を含む。……仕事を引き受けるかどうかといった、自律的な選択を説明する場合、その選択肢のいずれの側にもそれなりの理由があるわけで、そうであることにおいて、仕事を引き受けた際には、その理由を示すことによって、この選択を説明することができる……。しかし同時に、もし仕事を断っていたとしても、もう一方の側の理由に言及することによって、なぜ断ったかをも説明することができただろう。そうした理由でその人は仕事を断ることもできたのだから。……このことは、一方の選択の方が他方のものよりも明らかに筋が通っているという場合にも当てはまる。悪い理由だって、理由であることに変わりはないのだ。（V 115-6）

私たちが自由（自律的）であるという直観的な了解は、ある行為が、なぜなされたのかを説明できると同時にできない、という。つまり、それがなぜなされたのかは、「自由（自律）」によってであると一方で説明できる。しかし他方で、それによっては何も説明されてはいないのである、と。ここでの例は、仕事を引き受けるか断るかだが、仕事を引き受けた場合、たしかにそれは自由であるということによって説明可能である。すなわち、その人は自らの自由において、その仕事を引き受けた。その際の理由はこれこれである、と。それでなるほどと思う。しかし、それは、実は何の説明にもなっていない。なぜなら、その人は、その人が自由であることにおいて、別のそれなりの理由によって、仕事を断ることもできたからである。それでは、なぜその人は、この別の理由で断らずに、その理由で引き受けたのか。目下の自由による説明においては、このことが結局、説明されないままなのである。要するに、ここにおいては、いずれの選択肢に関しても、それなりにきちんと納得のいく動機づけ、理由づけがなされうる。だからこそ、いずれの理由によっても、なぜその一方の行為がなされたかを説明することはできないのである。

ネーゲルは、さらにこう続ける。

……いずれの選択をも適切な理由によって説明することができる。……しかしまさにそのために、その人物が、なぜある理由で仕事を引き受けたのか、なぜ逆の理由で拒否しなかったのかを説明することはできない。理解できる二つの可能な道のうち、なぜ一方だけが選ばれたのかを説明することはできないのだ。さらに理由を重ねることによって、それを説明できる場合ですら、その説明の尽きる地点があるだろう。（V 116）

会議を欠席したいという例によれば、その際、言い訳——理由（根拠）——をどんなに並べ立ててみても、最終的に十分な理由（根拠）には行き着かない。どう思いをめぐらしてみても、やがては行き詰まってしまう。きちんと自ら選択を行なおうと、さまざまな理由（根拠）をもち出してきても、決定的なものは見いだせないのである。

しかし、そこには決定的なものがおよそ何もない、ということはありえないだろう。実際、「私」が振る舞う際には、「私」が自分で選択をし、それゆえに、ほかならぬこの「私」自身がそのように振る舞ったのだと言うことのできる、確固とした何かがなければならない。それは、そうした確固とした何かがあるような気がするというたんなる「印象」に留まるものであってはならない。だが、それはいったい何なのか。しかし、どうにもそれが分からない。

ネーゲルによれば、こうである。

> なぜ、自律的な主観的説明［その自由な振る舞いは、ほかならぬ私自身（主観、主体）がやったのだという説明］は、……たんなる印象以上のものなのか。もちろん、それは印象であることはたしかだ。しかし私たちは、それをなにかの印象と見なす。だが、その印象によっては、それ［私自身がやったという説明を裏づける何か］が実在することは保証されないのだ。［実際］それが何であるのかを言うことはできない。しかし、同時に、それが存在しないとなると大いに困る。ここに、わたしは袋小路においつめられる。（V 117）

私たちは、自らが自由に振る舞うに際して、いくつかの選択肢のうちの一つを自分自身で選び取るわけだが、その選択には、きちんとした理由（根拠）がなければならない。つまり、「私」自身がそれを選んだのだという印象がなければならず、しかも、それは印象以上のものでなければならない。ということは、たしかに私が選び取ったのだということを裏づける「なにか」の実在が保証されなければならない、ということである。だが、その「なにか」とは、いったい何なのか。それは、いずれにしても、何らかの理由（根拠）であるか、そうでないとしても、それに代わりうる何かでなければならない。それが存在しないと大いに困る。なぜなら、そうだとすると、その選択は「私」がしたことにはならず、その振る舞いそのものが、「私」の振る舞いではなくなってしまうからである。しかし、そういうものがあるのか、あるとすればそれは何なのか。それが分からない。困った、というわけである。

このどうにもならない袋小路。これは、目覚まし時計をセットするとか、相手を殴りつけるとかといった諸例において、私たちが迷い込んだのとまったく同一の袋小路である。一つの選択肢に決める際には、十分な理由（根拠）（もしくは、それに代わるもの）がなければならないが、どうにもそれが見つからない。ここに、私が自由だという一見単純で直観的な事態が、どうにも見通すことができないという不思議な光景が浮かび上がる。どのようにすれば、この袋小路をスムーズに通り抜け、この光景から不思議さを取り払えるのか。

（2）この袋小路をスムーズに通り抜け、この光景から不思議さを取り払いうる——それによって私たちの自由を端的に捉えうる——方策を見いださなければならない。だが、ここにおいてネーゲルは、必ずしもそのように考えようとはしない。そうではなく、ネーゲルはこの袋小路から撤退しようとするのである。

それによれば、こうして私たちが袋小路に陥ってしまうのは、そもそもこの考え方の方針、つまりその方法論が誤っているからなのである。では、どう誤っているのだろうか。それは、目下の議論が「外側の立場」に立って「客観的な視点」からなされる——そういう方法論を採る——ものだからだ、と言う。これまで私たちは、私たちの振る舞いを上から、もしくは外から客観的に眺めるという「立場」「視点」から考察を進めてきた。すなわち、私たちが自由に振る舞うとは、いずれもがしかるべく理由（動機）づけられた選択肢のうちの一つを、自らがしかるべき理由

（根拠）のもとで選んで振る舞うということなのだ、と。これは、私たちの振る舞いを「外側の立場」に立って「客観的な視点」から眺めるという「外側」からの考察である、という。だが、ネーゲルによれば、これでは私たちが自由に振る舞う、いわばその現場は捉えることができない。なぜなら、私たちが自由に振る舞うとは、私たち自身の内側から内発的になされることだからである。それは、私たちの振る舞いを、外側から眺め考察していたのでは見えてこないのだというのである。

こうして、いまや私たちは、「客観的な視点」・「外側の立場」を捨てて、私たちの振る舞いを「私〔自身〕」の視点」・「内側」の立場から見て取らなければならない、とネーゲルは言う。私たちは、「客観的な視点」・「外側の立場」から撤退して、「私〔自身〕の視点」・「内側」の立場へと立ち返ろう、というのである。たしかに、これは重要な指摘であろう。「外側」の視点に立つ限り、私たちは自らどう振る舞うかを決定することができないのだから。

だが、袋小路にいるいま、私たちはなお考慮すべきだろう。はたして私たちは、これまでの「客観的な視点」・「外側の立場」を捨てなければならないのだろうか、と。いうならば、それは袋小路に入り込んでしまったので、引き返して別の道を行くということであろう。それは明らかに論議の道筋の転換にほかならない。しかし、私たちは、この転換を行なわなければならないのだろうか。実は、そうではないように思われるのである。すなわち、私たちはたしかにいま、ネーゲルの言うように、「私〔自身〕の視点」・「内側」の立場へと目を向けることが重要ではあろう。だが、それによって、これまでの「客観的な視点」・「外側の立場」を捨て去らねばならないのかというと、必ずしもそうではない。そうではなく、私たちのなすべきことは、新たな視点（「私〔自身〕の視点」）を導入することによって、これまでの視点（「客観的な視点」）をも保持しつつ、袋小路を突破するということ、つまり、これまでの道筋をそのまま取り続けるということなのである。私たちは実際、それを行なうことができるのではないだろうか。だが、これまでの「客観的な視点」・「外側の立場」を保持しつつ、新たに「私〔自身〕の視点」・「内側」の立場を導入し、それによってかの袋小路を引き返すことなく通り抜けるとは、いったいどういうことなのだろうか。

第2節　実行する——理由なき自己決定

この一見きわめて困難に見える、目下の袋小路の突破は、だが言ってしまえば、簡単なことであるように思われる。それは、私たちがあることに着目するだけでよい。そのあることとは、私たちがつねに行なっていることであり、そのことこそが目下の袋小路の突破口なのである。では、それは何なのか。それは端的に、私たちは振る舞うのだということ、実行するのだということである。

たとえば私たちは、依頼された仕事を引き受けようか断ろうか、会議に出席しようか、それともサボってしまおうか、さまざまに考えをめぐらす。しかし、結論を出すことができない。ではどうするのか。私たちは、どのようにして自らの振る舞い方を決定できるのだろうか。この問いは、たしかに難問であるように見える。しかし、それは、実はその都度、いわばあっけなく解決もしくは解消されているのではないだろうか。すなわち、私たちがいずれかの振る舞いを現に実行するということによって。

この点で典型的であるのは、バスや電車の中で座っている席をお年寄りに譲るか譲らないかという選択に迫られるといった場合だろう。すなわち、その日「私」は少し疲れているので席に座りたいと思っていたところ、前の駅でちょうど目の前の席が空いて座ることができた。それでホッと一息ついているところに、お年寄りが乗ってきた。さて、「私」はこのお年寄りに席を譲ろうか、それとも今日は疲れているのでこのまま座り続けてしまおうか、迷った。こうした場合、とりわけ席に座り続けようとすれば、さまざまな理由（根拠）——たとえば、疲れている、たまには許される、別のもっと若い人が譲ればいい、いま座ったばかりだ、きょうはちょっと長く乗るから等々——を並べ立てることになろう。しかし、どんなにそうした理由を並べ立ててみても、それで安んじて座り続けられるというわけにはいかない。では、私たちはどのようにして、この迷いに決着をつけるのか。それは結局、あれこれ考えるのはやめて実行するということ、ひたすらこのことによるのではないか。結局は立つのか、座ったままでいるのか、ただそれだけのことである。これが自由——根本的・根底的自由——の行使なのではあるまいか。

中毒症状・性犯罪・衝動的殴打

もはや明らかであろうが、中毒症状をめぐる振る舞いや、繰り返される性犯罪などに関しても、まったく同様であろう。

ある人々は、ある種の薬物、たばこ、酒を断つことができない。酒を飲むといわゆる酒乱となり、周囲の人間に暴力を振るい、暴言を吐く。あるいは、ある状況に立ち至ると、強力に性犯罪への衝動に駆られ、それを断つことができない。他方、その人々もやはり中毒症状や性犯罪から解放されたいと思う。だとすれば、問題はもはや考えることではない。実行することであろう。その際、中毒症状に浸り続けること、性犯罪を犯すことも、かのカントの表現によれば、人間の自然本性に由来する「根源悪」の発露である。そうである限り、それもまた私たちの根底的自由の行使であることになり、その意味で、それも自由な行為——自由を失う自由な行為——なのである。そうであることにおいて、このような「根源悪」の発露といった場合でも、そこでは選択可能性における自由な選択肢の選択がなされていることになろう。ついては、その選択もまた端的に、その行為が実行されるということによってなされるのである。いずれにしても、選択肢の最終決定——どう振る舞うかの最終決定——は、振る舞うということによってのみ下されよう。

むろんこのように論ずれば、ある疑念が投げられるだろう。たとえば、繰り返される性犯罪などの場合、本当にそこに選択肢はあるのだろうか。性衝動に、そのほかまた、相手を殴りつけたい衝動に駆られたときに、そうした行為を回避する可能性はあるのだろうか。つまり、その行為は、はたして本当に選択の結果なのだろうか、と。

たしかに、それは問題であろう。性衝動は、食欲や睡眠欲、排泄欲等と同様の生理的な衝動・欲求だろう。そうした衝動・欲求が、いまここで逃れられない仕方で私たちを襲ってくるということはありうることである。たとえば、激しい嘔吐や下痢の症状のように。殴りつけたいといった衝動もほぼ同様であろう。そのほか、燃えさかる家のなかに取り残されたわが子を救おうと、炎のうちに飛び込もうとする母親が、周囲の人々に必死で抑えられたという、惨としたニュースが先にも流れたが、総じてこうした衝動・欲求にはたしかに選択の余地はないように見える。しかし、そうであるとすれば、言いうることはそこには自由は存さないということである。それは、自由が存さない例外的な状況であるということである。実際に、どのような場合がこうした状況であるのかは慎重に見極めなければならないだろう。

しかし、いま問題なのはこうしたことではない。そうではなく、問題は私たちが自由であるとはどういうことなのか、である。すなわち、私たちは日常、食欲や睡眠欲、排泄欲、そして性衝動をしかるべく抑制し、社会生活のうちに組み込む。殴りつけたいといった衝動もしばしば抑止する。そうであることにおいて、私たちは実践的な意味で自由である。しかし他方、私たちは性犯罪を犯してしまうとか、相手を殴りつけてしまうとかという、実践的な意味での〈非・自由〉なあり方をもなしうるのである。いま問題なのは、こうして、私たちは実践的に自由でありうるが、他方、非・自由でもありうるということ、こうした善か悪かの選択肢を前にせざるをえず、実際それを前にするということである。そして、「自由」――根本的・根底的な意味での「自由」――とは、この選択肢のいずれかを選択することであり、その選択は実際に遂行される行為そのものによってなされるのだということである。いま、このことが見てとられるべきなのである。

理由なき自己決定

さて目下の論点は、私たちの自由すなわち選択可能性における最終決定が、実際に遂行される行為そのものによってなされるということだが、それとの関連であらためて着目されるべきもう一つの点がある。それはこの最終決定がなされる際には、理由(根拠)は存在しないということである。すなわち、この最終決定は、実際に振る舞うということであるわけだが、それは、考えること、理由づけること、理屈をこねることをもはやめるということにほかならない。仕事を引き受けるのか断るのか、会議に出るのか出ないのか、お年寄りに席を譲るのか譲らないのか、中毒症状を断とうとするのかしないのか、犯罪を犯すのか思いとどまるのか、相手を殴りつけるのか自己抑制するのか――こうした選択に私たちは迫られるのだが、この選択は端的な振る舞いによってなされる。ということは、考えることをやめることによって、つまり、理由（根拠）のまったき不在のなかで行なわれるということにほかならないのである。

とはいえ、あらためて確認しておくならば、実際に遂行される振る舞いそのものには、それを遂行するしかるべき動機・理由がある。すでに論じたように、それがないとすれば、その振る舞いは誰のものであるのかが、いわば原理的に不明であると言いうる、そうした振る舞いとなってしまうのである。あらためて、相手を殴りつけたという例によるならば、そうする際にはそれ相応の動機・理由がある。単純化すれば、それは相手をひたすら殴りつけたかった、その衝動を抑えきれなかったということである。それで「私」は相手を殴りつけたのである。しかし、こうしてそれ相応の動機・理由のあるこの振る舞いを、なぜ「私」は選び取ったのか。「私」は、やはりそれ相応の動機・理由のある、もう一つ別の振る舞いを選び取ることもできた。つまり、暴力を振るうことは、悪いことであるという理由で自制することもできた。にもかかわらず、「私」は相手を殴りつけてしまった。いま問われているのは、その理由（根拠）である。

この理由（根拠）を強いて挙げようとすれば、「私」はこう繰り返さざるをえない。その衝動を抑えきれなかったからだ、と。しかし、いま求められているのは、「私」はなぜその衝動を抑えきれなかったのかということ、このことの理由（根拠）である。それは結局ないのである。「私」は理由（根拠）のないまま、端的に殴りつけた。それがすべてであろう。それは、「私」がその衝動を抑止したという場合でもまったく同様だろう。

それ以外の、仕事引き受けの諾否、会議の出欠等々という振る舞いに関しても同様である。それゆえにその遂行、すなわちその選択肢の選択は、理由のないなかでの自己自身による決定――〈理由なき自己決定〉――である、と言うことができるのではないだろうか。

日常的な振る舞い

これまではかなり特殊な例を含んだが、すでに明らかなように、ごく日常的なケースに関してもまったく同様のことが言えよう。たとえば、赤信号の交差点を渡るか止まるか。このちがいは、自分自身の関わらない、何かフッとしたきっかけによって生じるかのようにしばしば思われよう。しかし、実際はそうではないだろう。交差点では、私たちは細心に安全を確認していよう。信号は赤である。しかし、どこからも車や自転車は来ない。それを確かめたうえで、渡るとすれば渡る。止まるとすれば止まる。目下の状況を確認したうえで、私たち自身が私たち自身において行動を起こしている。〈理由なき自己決定〉を遂行しているのである。

目覚まし時計のセットに関しても同様だろう。この場合、これをセットするかしないかについては、先に論及したような、さまざまな理由（根拠）——諸状況や内的要因——が挙げられることにもなる。すると、その選択は、あたかも「私」によってなされたのではないような様相を呈する。しかし、明らかにと言っていいだろうが、それをセットするにせよ怠るにせよ、その振る舞いを実際に遂行しているのは「私」自身であろう。「私」がきちんとセットする。「私」が面倒くさいと思ってセットしない。この選択をほかならぬこの「私」が端的に自らにおいて——つまり、自分自身がその選択を行なったということ以外のいかなる理由（根拠）もなしに——遂行している〈理由なき自己決定〉。こうして、「私」は自由を行使している。自由に振る舞っている。大急ぎで家を出て植木鉢を壊してしまうか、いったん落ち着くかといった場合も、その選択・決定は〈理由なき自己決定〉であり、端的に私たち自身によってなされていよう。

実際、このような私たち自身の振る舞い方の最終的な選択（〈理由なき自己決定〉）は、まさに理由（根拠）がないからこそ、自分以外のいかなるもののせい（理由）にすることもできない、言い訳無用の、ひたすら自分自身による自分自身の決定であるということになろう。

「私」が実行する

このように見るならば、私たちは、自らの振る舞い方を端的に自ら選択する。しかも、その選択に際しては理由（根拠）は存在しない。私たちは理由（根拠）の不在のなかで、自らの振る舞い方を選択・決定する、つまり端的に振る舞いを遂行する。

（1）このことを踏まえて、目下のそもそもの問題に立ち返ってみよう。それはこうであった。私たちは自らの振る舞い方をめぐる選択肢を前にしたときに、その選択肢のうちの一つをどのようにして選択しうるのか、と。私たちは、この選択を遂行するために考えをめぐらせ、さまざまな理由（根拠）を並べ立てる。しかし、それによってこの選択を実際になすことはできないのであった。では、私たちはどうするのか。

ここで、ネーゲルは視点の転換を提起した。すなわち、ここにおいては、「客観的な視点」・「外側の立場」から「私［自身］の視点」・「内側」の立場への転換が必要である、と。しかし、私たちは、その転換は必ずしも必要ではないと考えた。というのも、私たちは、「客観的な視点」・「外側の立場」――選択肢を選択する際の理由（根拠）の有無という観点――をそのまま保持しつつ、ネーゲルの提起する「私［自身］の視点」・「内側」の立場に配慮することによって、当の選択が遂行される事態を見て取りうると考えたからである。その結果、私たちは一つの了解に達した。すなわち、私たちは自らの振る舞い方をめぐる選択肢を前にして、そのうちの一つを選択する。それはどのようになされるのかといえば、私たちが当の選択肢を理由（根拠）のないなかで選択・決定するということによる（「客観的な視点」）。そして、とりもなおさずそれは、私たちが端的に、私たち自身において当の振る舞いを実行するということなのである（「私［自身］の視点」）、と。

こうした了解をめぐって、なおネーゲルに即すならば、こう言いうるのではないだろうか。目下の端的な実行——自らの振る舞い方の選択・決定——においては、「私がそれをするという理由こそが、そのことが起こった理由のすべてであり、それ以上の説明は必要でも可能でもない」（V 115）、と。

（2） さらに、先の論議によるならば、ネーゲルは、こうした私たち自身の選択・決定、すなわち端的な実行に対して、「たんなる印象以上のもの」を要求したのであった。それは「たんなる印象以上のもの」（「なにかの印象」）でなければならない、と。ここでネーゲルは躓いた。いまや私たちは、通り抜けることのできない袋小路に陥ってしまった、と。

しかし私たちは、この袋小路を引き返すことなく通り抜けえたのではないか。私たち自身が端的に振る舞う、実行するということに着目することによって。それによって、私たちは、「私」が端的に振る舞うという、この〈理由なき自己決定〉こそが、私たちが自由であるということなのだ、との了解に立ち至った。そして、この了解が意味するのはまた、「私」が端的に振る舞うということが、決して「たんなる印象」ではないのだということなのである。というのも、この振る舞いにおいてこそ「私」がこの「私」として存在するのだ、と言えようからである。すなわち

「私」はこの振る舞いにおいて、ほかの誰でもない「私」自身として振る舞う。ということは、そこに、またそこにこそ、「私」がほかならぬこの「私」として存在するということだろう。この自己了解は、まちがいなく「たんなる印象以上のもの」だろう。むろん、実際のその振る舞い（たとえば、席を譲ろうとして立つ）において、明瞭な「私」意識がただちに成立するわけではない。明示的な「私」意識は、たしかに遅れて――場合によっては相当遅れて――立ち上がろう。それゆえに、「私」が振る舞う、「私」が存在するという「私」意識は「たんなる印象」ではないかと、繰り返し言われもしよう。しかし、決してそうではないだろう（本書一八二―一八三頁参照）。むしろ、そうしたいわば「私」意識印象論こそが、たんなる印象論であると言うことができるのではないか。この「私」が存在する。それはとにかくも、「私」が端的に（自由に）振る舞うということであり、いうならばそれが、ほかならぬこの「私」という「私」意識の（少なくとも一つの）原点であろう。

ただし、完全に洗脳されているとか、完璧に意識誘導されているとかといった場合は、「私がそれを実行した」ということの実在性は保証されない。この場合には、たとえ明瞭に「私がそれを実行した」と了解していても、それを実行したのは「私」であるとは言えない。こうした事態に対して、私たちは十分に警戒しなければならない。しかし、そのことの意味は、そうではない状態、つまり通常は、「私がそれを実行した」ということの実在性は保証されている――私たちは自由へと開かれている――ということであろう。むろん、これに対してはなお、いわゆる通常の状態においても、完全な洗脳とか意識誘導とかが起こりえているのではないかと言い立てることはできよう。しかし、こうした見方も「たんなる印象」、単なる想念であるにすぎないだろう。これを、それ以上のものとする「なにか」はどこにも存在しないだろう（第3章参照）。そうである限り、私たちは通常たしかに、私たち自身の振る舞いを私たち自身において遂行していよう。そして、こうした私たち自身の振る舞いの遂行こそが、私たちの「自由」の遂行であり、私たちが根本的・根底的な意味で自由であるということであろう。

このような自由の把握は、まさに「客観的な視点」・「外側の立場」をそのまま保持しつつ、ネーゲルの提起する「私［自身］の視点」・「内側」の立場に配慮することによって——袋小路を突破し——到達されえたものである。私たちは、最終的な理由（根拠）のおよそ存さないなかで（「客観的な視点」）、端的に自分自身において一つの振る舞いを遂行するのであり、それが、ほかならぬこの「私」が存在するということなのである（「私［自身］の視点」）。そして、これこそが、私たちが自由であるということにほかならないであろう。

（3）ここで一点、但し書きを付すならば、私たちが「自由」をこのように捉えるからといって、それは、先に言及したいわゆる行為者因果なるものを、ここにもち込もうとするわけではないということである。すなわち、行為者因果という考え方によれば、たとえば、いま「私」が行為者として、会議を欠席すると端的に決める（意志する・意図する）。それが原因となって、その結果「私」が会議を欠席するという行為が引き起こされる。しかも、この「原因」とは、先のブラットマンの表現によれば、世界もしくは事柄の流れとは「別個の一要素」として、いわばその流れの外から、そこに介入してくるのである。だが、いま私たちの論じる選択・決定とは、およそそうした「原因」なるものではない。それは、いま「私」が会議に出席するか欠席するかという選択の岐路に立ったとき、まさにその現場のただなかで、たとえば、会議を欠席するという行為を端的に実行するということなのである。それは会議を欠席するという意図が介入的な「原因」となって、当の行為が結果するといったことではない。さらには、後に論じるように（第3章）、ここに因果関係なるものは一切関わってこない。私が手を上げようと意図することと、私の手が上がることの間に、およそ因果関係なるものは関与しないのと同様に。目下の選択肢の選択・決定とは、繰り返しになるが、当の行為の現場で「私」が端的に実行することなのである。この〈理由なき自己決定〉が、私たちが自由であるということなのである。

本当に理由（根拠）はないのか

私たちが自由であるとは、私たちのどういうあり方を意味するものなのか。これが、私たちのそもそもの問いである。この問いをめぐって論議が展開され、とりあえず一定の見解が示された。それによれば、私たちが自由であるとは、それ相応に理由のある振る舞い方を自分自身で選択・決定すること、換言すれば、その振る舞い方を端的に実行することであり、それは〈理由なき自己決定〉とよびうるものなのであった。こうした一定の見解の提示によって、論議に一段落をつけたいのだが、その前におそらく投げかけられるであろう二点の疑義に言及しておきたい。その第一は、私たちの振る舞い方の選択・決定には、本当に理由（根拠）が存していないのだろうかというもの、第二は、私たちには本当に選択の可能性が存しているのだろうかというものである。

まずは、第一の点だが、これまで私たちは、この選択・決定には理由（根拠）が存在しないということを強調し、繰り返し論じてきた。にもかかわらず、なお、ここには理由（根拠）が存しているのではないかという疑念は繰り返し生じよう。たとえば、会議に出席しようか欠席しようか考えている。だが、どんなに考えてみても、どちらにするかを決めることはできない。しかし、こうして、あれこれと思い悩んでいるうちに、私たちはグーッとどちらかに傾いていくのではないか。たとえば、ちょっと疲れたし、これまで勤勉に努めてきたし云々ということで、欠席しようとする方に。それで欠席することに決めた。とすると、ここには、欠席する理由（根拠）が存しているのではないか。ほかでもない、ちょっと疲れたし云々という理由（根拠）である。それは、そのほかのすべての例においても同様であろう。こう私たちは考えよう。

しかし、あらためて論及するならば、決してそうではないということである。すなわち、もしここにそうした理由（根拠）があるのだとすれば、それは決して「私」の選択・決定にはならない、したがって、その振る舞いは「私」自身の自由な振る舞いにはならないということである。目下の例によるならば、いま「私」のうちで、二つの欲求が天秤にかけられている。その一方は、きちんと責務は果たしたいので、その会議に出席したいという欲求であり、他方は、ちょっと疲れたから云々で欠席したいという欲求である。それで、いま、後者の欲求の方がグッと重みを増している。しかし、それによって、「私」が欠席するということが選択・決定されたのだとすれば、この選択・決定は「私」によってではなく、「私」のうちの当の欲求によってなされたのだ、ということにならざるをえないだろう。その選択・決定は「私」がなしたのではなく、「私」のうちの欲求がなしたのである。逆の場合、つまり会議に出席する場合でも同様だろう。

むろんその際、そのような欲求によって振る舞い方を選択・決定してしまうのが、「私」というものだとは言いえよう。しかし、それは「私」とは結局そうした欲求に決定されてしまうのだ――当の選択・決定は「私」自身が行なったものではないのだ――との告白あるいは言い訳をしているだけのことである。

これに対して、当の選択・決定が「私」自身によってなされたのだとすれば、つまり、「私」自身がその選択・決定を行なったのだとすれば、それは決して一方の欲求がグッと重みを増したからではない。そうではなく、それはグッと重みを増した一方の欲求を、最終的に「私」自身が選択・決定したから——その欲求に「私」が同意したから——である。その意味は、どんなに一方の欲求が重みを増そうとも、「私」は最終的に他方の欲求を選択・決定できるのだということ、他の欲求に同意することもできるのだということである。私たちが自由であるとは、そのようにして「私」自身が最終的な選択・決定（同意）を行なうということであろう。そしてその際の選択・決定（同意）には理由（根拠）がない。それは文字通り「私」自身が行なうのであり、とりもなおさず、〈理由なき自己決定〉なのである。

こうした事情は、目覚まし時計をセットする・しないとか、赤信号で渡る・渡らないとかという日常的な場面でもまったく同様だし、さらには以下でも見るように、洋服や靴の購入、進学先や職業の選択、また種々の社会問題への態度の取り方などにおいても変わらないだろう。何にせよ、ある選択肢に決定する際には、一定の理由（根拠）のゆえに、その選択肢に大いに傾くということはたしかにありえよう。しかし、そのようにしてある選択肢に大きく傾くということと、その選択肢を最終的に選択・決定するということとは、やはり別のことであろう。実際、ある選択肢に相当大きく傾いたとしても、とりあえずそれに決定はしない、なお先延ばしするということは大いにありえよう。さらに別の可能性を探るか、それともそれに決定するかは、ひたすら当人の決断にかかる。その際問題は、それを選ぶか選ばないかということのみである。そこには、もはや理由（根拠）は関わらない。まさに選ぶか選ばないか、これに尽きるのである。

こうして、自らの振る舞い方に関する、私たちの最終的な選択・決定は、総じて私たちの端的な自己決定、すなわち〈理由なき自己決定〉であろう。それが、私たちが自由であるということなのである。

本当に選択は可能なのか

次に、第二の疑義、すなわち、私たちには本当に選択の可能性が存しているのだろうかという問題である。洗脳等の経験的な問題は措くとして、この疑義によれば、私たちに選択の可能性があるのかどうかは、原理的に不明だという。なぜなら、私たちは同時に二つの選択肢を遂行することはできないのだから、と。

(1) たしかにそのとおりだろう。私たちは、右足から歩き出すと同時に左足からも歩き出すことはできない。必ずどちらかの足から歩き出す。それで、いま右足から歩き出したとする。すると、そのとき左足からも歩き出せたのかどうかは原理的に分からない。まったく同じ状況を再現することはできないのだから。そうであるならば、右足から歩き出した、そのとき私が左足からも歩き出せたのかどうか、つまり、そのとき私に選択の可能性(他行為可能性)があったのかどうかは、たしかに原理的に不明だということにならざるをえない。むろんこのことは、これまでに挙げたすべての例に関して同様なのである。そうであるならば、私たちが自由であるとは、自らの振る舞い方に関して、私たちに選択の可能性があることだという、私たちの論議は、たしかにその出発点において、不確かなものにもなりうるのである。

しかし、この論議は第一感として奇妙ではないだろうか。こうして、選択の可能性ということが存さないのだとすれば、いったいどういうことになるのだろうか。たとえば、この論議によれば、私が右足から歩き出したとすれば、そのときは、右足から歩き出すことしかできなかったのであり、そのときまた私は、まちがいなく右足から歩き出そうと思った(選択・決定した)のである。だが、そうだとすれば、そのとき私は右足から歩き出そうと思い、実際にそのように歩き出すという以外には、思うことも実行することもできなかったことになろう。それは、端的に私たちに自由はないということだろう。はたしてそうなのだろうか。もっとも、この点をめぐってはなお、こう論じることはできよう。そのとき、私は私の思いどおりに振る舞ったのだから、私は自由だったのだ、と。

（2）近年そのように論じて注目されたのは、フランクファートである。その論議によれば――目下の例に即すと――ある人が左足から歩き出すという可能性が、何らかの仕方（脅迫、薬物投与、催眠術、神経システム操作等々）で完全に遮断されているという。つまりその人は、右足から歩き出そうと思って右足から歩き出すことしかできない。他行為可能性はまったく閉ざされているのである。そうしたなかで、この人が右足から歩き出そうと思い右足から歩き出した。そこで、こう問う。この人のこの行為は自由な行為なのか、そうではないのか、と。フランクファートによれば、それは自由な行為である。なぜなら、それは、自分の思いどおりになされた行為なのだから。したがって、もしその行為が法的・道徳的に悪しき行為、たとえば殺人であるとするならば、その人に法的あるいは「道徳的責任」が問える。というのも、その人は人を殺そうと思い、その思いどおりに人を殺したのだから（AI 4-10）、と。

だが、この議論は成り立たないだろう。まずは極端な中毒患者の場合を考えてみよう。ある人はある状況になるとひたすら薬物を欲する。これを断つことはあらかじめであれ、その場であれ、まったくできない。つまり、他行為可能性は完全に閉ざされている。そうしたなかで、この人はまたぞろ薬物を摂取したいと思い、思いどおりに摂取したとする。すると、目下の議論によれば、この行為に対しても当人に責任が問えるということになろう。しかし、このように他行為可能性が完全に遮断されているのだとすれば、そうは言えない、つまり、責任を問うことはできないだろう。いまこの人に要求されるのは、責任を取ることではなく、中毒症状を脱却するための医学的な療法である。殺人に関してもまったく同様だろう。ある人がある人を殺したいと思っている。そして、その思いどおりに振る舞って、その人を殺した。ただしその際、この人が殺人を思いとどまることも、思いとどまろうとすることもできない。そうした兆候がわずかでも現われれば、即座につぶされる。そうした状況下で、この殺人は行なわれた。そうだとすれば、この人に責任を問えるだろうか。問えないのではないだろうか。なぜなら、目下の状況下での殺人は、他行為可能性の遮断システムとの共同でなされたものであり、それどころか、結局このシステムによって強制されたものだと判断せざるをえないだろうからである。とにかくも抑制力の発揮は完全に阻まれているのだから。

むろん、この殺人は、調べたところ、この遮断システムがまったく働かないなかでなされた、つまり、強制という要因はまったくなく、ひたすら行為者の自由な思いのとおりに行なわれたものであった、ということはありえよう。そして、そうであれば、この殺人については、まちがいなくその責任が問われうると一般に思われよう。しかし、そういうこともないのである。まずは、衝動的に殺人を犯したという場合で、その際にこれを抑えようという抑制心はまったく働かなかったとする。そうであっても、実際にはたしかにその責任が問われ、法廷に立たされることになろう。しかし、もし本当に抑制心がまったく働かなかったのだとすれば、それは、カントの言う「自然衝動」によるものであり、責任を問いうる人間の行為ではなかったということになるのではないか。にもかかわらず、その人が責任を問われるのは、まさにその人が「人（人間）」であって、抑制心をもつことができ、他行為が可能なのだと想定されるからであり、もっぱらその限りにおいてであろう。また、衝動的な殺人ではなく、一定期間殺意が保持されて、いよいよ実行に移されたという場合でも同様だろう。その間およそ抑制心が働かなかったのだとすれば、それもやはり、ひたすら「自然衝動」によるもので、その限りでは責任は問えない。にもかかわらずそれを問うとすれば、そこに他行為可能性が想定されているからではないか（もしその持続的な殺人行為が、冷酷無比に人を殺すという自己訓練の結果なのだとすれば、あるいは何らかの理想もしくは理念に支えられた一途な行為であるのだとすれば、それらは根本的には選択可能性に基づく自由な行為であり、責任を問えることになろう）。こうしたことは、さまざまな要因を考慮する必要があろうが、基本的には、私たちの行為のすべてに関して言いうるであろう。

このようにして、フランクファートの議論は成立しない。すなわち、他行為可能性が遮断されているのだとすれば、そうした状況下で行なわれるいかなる行為にも、責任を問うことはできない、つまりそれは、自由な行為ではないのである。

（3）やはり選択の可能性つまり他行為可能性のないところに、自由は存さない。ただ、他行為可能性については、先のような疑義がつねに生じうる。そして私たちは、自由の否定論へと誘い出されるのである。しかし、そこには実は「可能性」についての誤認が存している。すなわち、歩き出しの例に戻るが、その疑義によれば、こうなのである。私が現に右足から歩き出したとすれば、当然そのとき右足から歩き出す「可能性」は存していた。なぜなら、現実に起こること（「現実性」）は、つねに可能（「可能性」）でもあるのだから。だがこれに対して、そのとき左足から歩き出すことが可能であったかどうか――他の「可能性」の成立――は不明である。なぜなら、そのときとまったく同じ状況を再現することは不可能なのだから、と。

ここで考慮されるべきことは、そもそも「可能性」とは、いったいどういう了解内容なのかである。ある出来事（A）が起こりうる、その「可能性」がある、という。とすれば、それはこういうことであろう。すなわち、その出来事ではないこと（～A）もまた起こりうる、その「可能性」がある、と。つまり「可能性」とは、ある出来事について、それが起こることも、同時にまた起こらないこと——他のことが起こること——もありうるということなのである。しかし、かの疑義は、こう述べているのである。そのとき、私は右足から歩き出したので、右足から歩き出すということ（A）の「可能性」は成立していた。しかし、そのとき左足から歩き出すということ（~A）が可能であったかどうか、その「可能性」（他行為可能性）は不明である、と。

すでに、この疑義における誤認は明らかだろう。ある出来事（A）の「可能性」が成立するということは、そのまま別の出来事（~A）もまた、同時に可能であるということ（~Aの「可能性」の成立）なのである。にもかかわらず、この疑義は、Aの「可能性」（いうならば、自行為可能性）は成立しているが、~Aの「可能性」（他行為可能性）は不成立、あるいは不明だと言っているのである。この誤認は具体的に考えてみても明らかだろう。すなわち、そのとき私は、右足から歩き出すことが可能であったという。その「可能性」の具体的な内実は、そのとき私は右足から歩き出そうと思い、しかもその際、身体的にも外的な状況においても、そのことを妨げる何事も存していなかったということだろう。だが、そうであるならば、まったく同様に、そのとき私には左から歩き出すという「可能性」もまた成立していたことは明らかであろう。自行為が可能であるということは、つねに同時に他行為も可能であるということなのである。

こうして、選択可能性（他行為可能性）に対する疑義は、いわば論理的に成立しない。第3章の論議——「必然性」と「自由」（選択可能性）との両立論——をも俟たなければならないが、選択可能性（他行為可能性）はまちがいなく成立するのである。しかもその成立は、時制に無関係である。かつて私が右足から歩き出したとすれば、そのとき同時に私は左足から歩き出すことも可能であったのであり、いまの時点でも、今後に関してもまったく同様である。

そして、このことは、これまでに挙げたすべての例に関して言いうるのである。

「自由」とは何か

いまや、私たちの論議に一段落をつけよう。

私たちが自由であるとは、まずは私たちが、自分自身の振る舞い方を自分自身で選択することができるということである。それは、自らの振る舞い方をめぐる選択の可能性のうちにある。とはいえ、ある一定の状況下（思想的洗脳や様々なマインドコントロール等）では、私たちが、この選択の可能性を失うことはありうる。しかし、通常私たちには、この可能性は確保されている――私たちは自由へと開かれている――のである。そうである限り、私たちは自由である。

その際、また、私たちが選択可能である二つ（あるいはそれ以上）の選択肢は、それ相応に動機づけられ理由づけられている。私たちは、それ相応に動機づけられ理由づけられた選択肢のうちの一つを選択する。

ただし、ここには一つの不思議な、とも言いうる事態が介在する。それは、こうした選択肢のうちの一つを選択する際に、その選択の理由（根拠）が見いだせないということである。中毒症状に留まるのか、それを脱するのか。そのいずれにも、それ相応の動機・理由がある。ぜひともそれを脱して、健全・健康な生活を送りたい。しかし、他方で、中毒症状を癒す快感に浸ってしまいたい。むろん、この快感は断ち切るべきだ。そうでなければ、一生がだめになってしまう。しかし、この快感には何とも抗しがたい。後はどうなっても――死んでしまっても――いい。なんとしても快感に浸りたい。だとすれば、どういう理由（根拠）のもとで、どちらを選択するのか。

日常のささいなことでも同様である。あすは少し早く起きなければならない。なので気がついたいま、目覚まし時計をセットしておきたい。しかし居間でくつろいでいるいま、わざわざ寝室に行って、それをセットするのはめんどうだ。では、どうするのか。どういう理由（根拠）で、どちらを選択するのか。

これは、たしかに難問のように見える。ネーゲルはこれを袋小路であると言った。しかし、この袋小路は一気に駆け抜けることができる。というのも、この理由（根拠）の見いだせないなかでの選択は、私たちが実際に振る舞うということによって、一気になされるのだから。中毒症状に留まるのか、それを脱するのか。犯罪を犯すのか、思いとどまるのか。目覚まし時計をセットするのか、しないのか。赤信号で渡るのか、止まるのか。会議に出席するのか、しないのか。仕事を引き受けるのか、断るのか。最終的な理由（根拠）を挙げることのできない、こうしたさまざまな場面での選択肢の選択・決定は、そのいずれかを私たちが実行することによって一気になされよう。そこには理由（根拠）はない。それは、まさに端的な実行である。それゆえに、それは〈理由なき自己決定〉と言いうるものであろう。そして、この〈理由なき自己決定〉における振る舞いこそが、ほかならぬこの「私」が振る舞うということであり、またこの「私」が存在するということでもある。

私たちが自由であるとは、こうして、それ相応の動機・理由のある選択肢のうちの一つを、私たちが理由（根拠）のないまま端的に実行するということ、つまり、この〈理由なき自己決定〉にほかならない。

第3節　自由論の展開

私たちの自由をめぐる論議に一段落したいま、さらにそれを展開するために、新たに一つの問いを提示したい。私たちがこれまでに示した「自由」、すなわち〈理由なき自己決定〉は、自らの振る舞い方についての〈理由のある自己決定〉とどのように関わりうるのか、と。というのも、私たちが自らの振る舞い方を選択・決定する際には、通常理由が存する、と考えられているからである。たとえば、いま、私はA駅の近くの喫茶店で友人と待ち合わせをしている。その際、A駅まで行くのに三つの交通手段が存しており、私はそのどれをも選択することができる。では、私はこの選択肢のどれを選択するのか。こうした選択には、はっきりとした理由が伴うことになろう。すなわち、いずれのルートもほぼ同時刻にA駅に到着するが、ルートaが一番安価である。とすれば、私はこのルートを選択する、と。これはたしかに理由のある選択・決定であり、一般に、私たちの自由な振る舞いであると見なされよう。しかし、これまでの論議に従うならば、私たちが自由である、自由に振る舞うとは、理由のある選択・決定ではなく、〈理由なき自己決定〉においてこそ成立する。そうであるならば、こうした理由のある選択・決定は、この私たちの自由な振る舞いとどう関係するのか。それは〈理由なき自己決定〉という自由のうちに、どのように位置づくのか。これはまた、合理的な選択・決定と自由との関係の問題でもある。というのも、目下のルート選択に見られるような〈理由のある選択・決定〉は、典型的に合理的な選択・決定であると言いうるであろうから。そうである限り、目下の問いは、合理的な選択・決定は、私たちの論じる「自由」といかなる関係にあるのか、である。

合理性と自由

この問題に関しては、いくつかの場合を分けて、具体的に検討する必要があろう。

（1）まずは、目下の交通手段の例だが、これはたしかに理由のある選択・決定であり、合理的な選択・決定であろう。そうであることにおいて、問われるべきことは、こうである。それは「私」自身の選択・決定であると言いうるだろうか、と。というのは、当の状況においては「私」ならずとも、誰でもがまったく同じ選択・決定をするであろうと考えられるからである。誰もがルートaを選択する。だが、そうであるならば、ここにははじめから選択可能性、つまり選択の余地はないのではないだろうか。そうであるとすると、この選択・決定は、私たちが論じてきた根本的・根底的な自由においてなされるものではないことになろう。

ただし、目下の場合、誰もが、誰に強いられることもなくルートaを選択する。その意味では、まちがいなくこれも自由な選択・決定ではあろう。しかし、この「自由」とは、すでに見通しうるように、これまでに見た、よい振舞いをする「自由」と同列のものなのではないか。それは、法律的、道徳的、健康的に、またブラットマンによれば、「合理的（理性的）」で「無理のない」限りで、よい振る舞いをするという、そういう意味での「自由」に類するものであろう。それは、実践的な意味での、あるいは日常的な意味での「自由」なのである。いずれにしても、そこにおいては選択肢の一つが独占的に「自由」なのであり、選択そのものにおける「自由」——根底的な自由——は存さない。そこには選択可能性（選択の余地）がないのである。

（2）次に、こういう場合を考えてみよう。すなわち、私には好き嫌いがあり、にんじんが嫌いである。なので、にんじんの入った料理は通常避ける。ところで、いま目の前に大きなにんじんがいくつも入ったカレーと、そうでないカレーとが置かれている。いずれかを私が自由に選んでいいと言う。そこで私は後者を選んだ。とすると、これは私の自由な選択だったのだろうか、そうではなかったのだろうか。

明らかなように、この選択も、ルートaの選択と同様のものと見なせば、そこに根底的な意味での「自由」は存さない。そこには、はじめから選択の余地はないからである。私ならずとも、にんじん嫌いの人は誰でもが、にんじんの入っていない方のカレーを食べる。ならば、そこには、そもそも選択の可能性はない。

しかし、実はここには別の事情が介在しうるのである。というのも、健康上〈よい〉という理由で、ときどき私はけっこう大きなにんじんの固まりを食べるからである。それで、じんましん等の健康上の障害が出てしまうということであれば、話はまた別である。そうであれば、そこには明らかに「自由」は存さない。しかし、そういうことは生じない。とすれば、目下の選択は、かのルートaの選択とは根本的に異なっている。というのも、そこには選択の可能性が存しているからである。私は、にんじんの入ったカレーと入っていないカレーとを前にして、いずれの選択も可能である。その際また、いずれの選択肢に関しても、私には、それを選択するそれ相応の理由がある。その限りでは、いずれの選択も合理的なのである。にんじん入りのカレーは健康にいいし、にんじんなしのカレーは私の好みである。しかし、問題はこうである。では、私はこの選択を何に基づいて行なうのか、と。むろん、いろいろ考え、いろいろ迷うだろう。だが、それで決まるということはない。その選択は、結局のところ、端的に選択するということによってのみなされよう。

そうであるならば、それは、合理性を超え出た決定であり、まさに〈理由なき自己決定〉であろう。それは、まさに選択の可能性において成立しており、〈根底的に〉自由な自己決定である。そして、合理的な選択・決定とは、この根底的な自由――選択可能性――のいわば下位に、個々の選択肢のあり方として存していよう。個々の選択肢（たとえば、にんじん入りのカレーを食べる）は、それが選択された限りにおいて、合理的な選択・決定なのである。

（3）理由に基づいた合理的な選択・決定について、もう少し考えておこう。ついては、食べ物の好き嫌いと類似的だが、さまざまな身の回りのもの、たとえば洋服や靴を購入するという場合である。この場合も、自分の好み、たとえば色や形などはかなり決まっていて、私たちはそれに従ってこれらのものを購入する。このように見ると、その際私たちは、たしかに、あれやこれやを試着したりなどして迷うわけだが、しかし、最終的に選択するものは、一見自らの好みによってはじめから決まっているかのようにも思われる。つまり、試着や迷いというプロセスは、実ははじめから決まっている当の商品を見いだすためのもの――そういう合理的なもの――である、と。

だが、そうだとすれば、そこには実は選択の可能性はなかったということになろう。というのも、そこで行なわれることは、はじめから決まっているものを探し出すだけのことなのだから。それは、一定の基準に従い、その基準に合うものを選択するという、徹底した合理的な選択・決定ということになろう。その限りそれは、かの交通手段のルート選択と同様のケースである。しかし、立ち入ってみると、必ずしもそうではないのである。というのも、洋服や靴の形・色などについて、かなりはっきりとした好みがあるとしても、新たな購入をする際には、私たちは、この好みを明確な基準として購入を行なうわけでは、必ずしもないように思われるからである。すなわち、その際には私たちは、〈新たないま現在〉の願望・欲求を満たそうとする、ということなのではないだろうか。洋服にしろ、靴にしろ、私たちは、〈新たないま現在〉の私にピッタリするもの、しっくりくるものを選ぼうとするのではないだろうか。

ここにおいて着目すべきことは、このような〈新たないま現在〉の願望・欲求あるいは私なるものとは、決して既存の欲求・願望あるいは私なるものではないのではないか、ということである。そうではなく、それはまさに新たな洋服や靴を購入するということ、そのことによってはじめて確定するものなのではないだろうか。そうであるならば、そこには、最終的な選択・決定をするための明確な既存の基準といったものは存在しないのである。そうしたなかで、私たちは最終的な選択・決定を行なおうとする。つまり、新たな洋服や靴を購入しようとするのではないだろうか。

このような場合の選択・決定は、まさに実行するということ、つまり実際に購入するということによってこそ、なされていよう。むろんここにおいて、その洋服、その靴が気に入った、購入するということは、目下の願望・欲求〈好み〉に合ったということである。だが、この目下の願望・欲求〈好み〉とは、繰り返しになるが、いま現在、自分自身に対して新たに設定しようとする基準――理由〈根拠〉――なのではないだろうか。そうであるならば、それは、決して確たる既存の基準ではないのである。だからこそ、私たちは迷う。購入品が高価なものであればあるほど、最終決定に至るまでには時間がかかろう。ときに、私たちは最後まで迷おう。ことによると、もう一方の方がいいのではないか、もっと探した方がいいのではないか、と。

このことの意味は、最終決定に至るには、「飛躍」〈第3章第5節参照〉がなされている――それは理由〈根拠〉のないなかで行なわれている――ということであろう。だからこそ、私たちはときに、あるいはしばしば、後悔するのではないか。別のものにしておけばよかった、と。

このようにして、洋服や靴の購入、あるいはおよそあらゆるものの購入の際にも、合理的な〈理由のある自己決定〉がなされているかのように見えるのだが、しかし、実はそれは〈理由なき自己決定〉なのではないだろうか。そうである限り、それは根底的に自由な振る舞いなのであり、合理性を超え出た選択・決定なのである。
（4）もう一例を考えておくならば、それは、大学受験の際の学部・学科の選択や、就職の際の業種・会社・職場の選択といったものである。このような場合も、いくつかの学部・学科、あるいは業種・会社等に関心があり、そのうちのどれを選ぶかということであるとすれば、その最終的な選択・決定は、選択可能性に基づく自由な振る舞いであると言うことができるだろう。すなわち、それは、洋服や靴の選択・決定と同様のものとなろう。
ただ、これに関してあらためて取り上げておきたいのは、自らの希望がはじめから一つに絞られているような場合である。たとえば、「私」は小学校の頃から歴史が好きで、高校の時も歴史の成績が一番よかった。それで、大学受験のときは、迷わずにA大学の歴史学科を受験、合格し、いま充実した大学生活を送っている、と。これは、合理的な選択・決定であり、また思いどおりの、したがって生き生きとした自由な生き方であると言うことができるだろう。しかし、ここには、その選択・決定がまさに合理的であるがゆえに、どこにも選択というプロセスが存していない。少なくとも、そのように見える。選択可能性は、どこにも介在していない。にもかかわらず、その生き方は典型的に自由である、と。

たしかに、そのように見えよう。だが、すでに明らかではないだろうか。そこには、やはり選択可能性が存しているのである。すなわち、目下の大学受験の際だが、「私」は自らの好みによって、迷わず歴史学科を受験したという。しかし、実際には「私」は、その際にも選択をしていたのではないか。というのも、「私」はそのほかの諸学科もさまざまな理由で、たとえば、就職に有利だとか、ある先生に勧められたとかで、選択し受験することもありえただろうから。だが「私」は、自らの一貫した興味・関心を最優先するということに同意し、それを選択した。そうであることにおいて「私」は、歴史学科を受験したということなのではないだろうか。

そうであるならば、ひたすら自らの好みによって決定したとする、一見端的に合理的な学部・学科の選択、さらには就職の際の業種・会社・職場の選択・決定といったものも、実は選択可能性のうちでなされた選択・決定であり、またそれは、根本的・根底的には、合理性を超えた、理由（根拠）のないなかでの選択・決定であろう。というのも、自らの好み、自らの興味・関心を最優先するという選択・決定には理由（根拠）がないからである。それは、「私」がそうするからするということ以上でも以下でもないのである。

このように見るならば、目下の事態は、かのにんじん入りカレーの選択と同様のものであろう。そこにおいては、〈理由なき自己決定〉が遂行されているのであり、合理的な選択・決定――自らの好みにしたがった振る舞い――は、その下位に位置づいている。だからこそ、このような振る舞いも、単に自らの欲求・欲望に従う動物的な振る舞いなのではなく、人間の振る舞いなのであり、自由な選択・決定なのである。

（5）このように検討してみるならば、理由（根拠）に基づいて合理的になされているように見える、私たちの多くの選択・決定も、その根底においては、合理性を越えた〈理由なき自己決定〉なのであり、それゆえにこそ、それは私たち人間の自由な選択・決定なのである。また他方、かのルート選択のような端的に合理的な選択・決定などは、私たち人間よりも、場合によっては計算能力の高いコンピューターやロボットなどの方が正しくなしうるのであり、それゆえに、それは自由な振る舞いであるにしても、根本的・根底的な自由ではなく、日常的な意味での自由に留まるのである。

氾濫する自由

このように、さまざまな事態を〈根底的な〉自由という観点から捉え返してみると、この世界には「自由」が氾濫している、ということにもなりえよう。たとえば、私たちは朝起きる。起きるか起きないかについては通常、選択の自由はない。しかし、いつ起きるかは相当自由である。五時半でも六時半でもいい。人によっては、八時でも九時でもいい。いずれにも、それなりの合理性はあるだろうが、その合理性によって決定されるということはないだろう。では、どう決定されるのか。それは結局のところ、「私」が決定するということにつきるだろう。つまり、それは〈理由なき自己決定〉なのである。次いで顔を洗うのか、口をゆすぐのか、歯も磨くのか、髪の毛を洗うのか、シャワーを浴びるのか。朝食にご飯を食べるのか、味噌汁を飲むのか、パンなのか、コーヒーなのか紅茶なのか。テレビをつけるのか。つけるとすれば、どの番組を見るのか。新聞は読むのか。どこを読むのか。どの洋服を着るのか、どの靴を履くのか。会社や学校に向けて、いつ家を出るのか。赤信号の交差点を渡ってしまうのか、待つのか。到着した電車に駆け込むのか、思いとどまるのか。車内ではどこに立つのか。空いた席に座るのか、座らないのか。お年寄りがいたら席を譲るのか、譲らないのか。さらに、帰宅時には夕食を友人とともにするのか、しないのか。比較的長い休日には旅行に行くのか、行かないのか。行くとすれば、どこに行くのか等々。

こうしたすべては、それ自体合理的に選択・決定されるというわけではないだろう。むろん、その選択肢のすべてに、それ相応の動機・理由〈合理性〉が存している。にもかかわらず、あるいは、だからこそ、最終的にどれに決めるかについては、決定的な理由〈根拠〉はない。では、どう決められるのかといえば、それは「私」が、あるいは家族がいるとすれば「私たち」が決めるのであり、それに尽きるだろう。それは、これまでに私たちが論じてきた、ほかならぬ〈理由なき自己決定〉である。そうであることにおいて、これらはたしかに私たちの自由な振る舞いなのである。

そして、こうした日常の自由な振る舞いは、なおいくらでも挙げることができよう。これまでに言及したように、ジャンケンをする際にグーを出すのもチョキを出すのもパーを出すのも、歩き始める際にまず右足を出すのも左足を出すのも、すべて自由である。また、先の例、すなわちA駅近くの喫茶店で友人と待ち合わせた際のルート選択においても、もしルートbの料金が若干高いが、しかし、桜あるいは紅葉の季節で、その眺めが素晴らしくいいということであれば、ルートの選択は〈理由なき自己決定〉としての自由な選択であることになろう。

このように私たちの日常生活は、自由な振る舞いであふれかえっている。

試す・試される

だが、このようにして、日常生活に「自由」があふれかえっており、私たちの一挙手一投足までもが、私たちの自由な振る舞いであるということであるならば、「自由」を語ることに、どれほどの意味があるのだろうか。要するに、私たちは自由だ。その一言で、事は終わってしまいそうである。しかし、これまでに挙げた諸例を見た限りでも、必ずしもそうではないということは、見て取ることができよう。もとより私たちが自由であるとは、たわいのないことでもある。しかし、それは重要な意味をもちうるのである。

(1) まずは善悪が問題になるケースだが、すでに論及したように、私たちはたしかに抗しがたい衝動・欲求に襲われることがあろう。ごく日常的には、もう少しお酒を飲みたい、もう一本たばこを吸いたい等。こうした欲求は中毒症状にもなりうるし、実際さまざまな中毒症状が存在する。また、私たちは相手を殴りつけたいという衝動にも、さまざまな犯罪的な衝動にも駆られよう。こうした衝動・欲求に従ってしまうことは、法律上、また健康上、自らの自由を失うことでありうるわけだが、しかし、そうした振る舞いも、私たち自身において行なう限り、私たちの――根本的・根底的に――自由な振る舞いである。こうしたなかで、私たちは衝動・欲望に捕らわれた振る舞いと、それから解放された振る舞いとの深刻な選択に迫られる。

それで私たちは、端的に振る舞うことによって、この選択・決定を行なうわけだが、あらためてこう問いたい。その際に何が起こっているのだろうか、と。それについては、こう言うことはできないだろうか。すなわち、その際には「私」は、自らがどういう振る舞い方をする人間であるのかを試しているのだ、あるいは試されているのだ、と。「私」は相手を殴りつけたい衝動に駆られた。犯罪的な衝動に駆られた。はたしてどうするのか。ここにおいて「私」は、自らがどういう人間であるのか、その人間性が試されている、問われているのではないか。

このことは、いわゆる道徳的な振る舞いの際に顕著だろう。車内で、お年寄りに席を譲るのか、譲らないのか。苦しんでいる人を見過ごしてしまうのか、救助の手をさしのべるのか。偽りを言ってとり繕うのか、正直に語るのか。こうした選択の際に、私たちは自分自身を試すのではないか。あるいは、自分自身が試されるのではないか。

しかも、ここで問われているのは、「私」という人間の部分ではなく、その全体――人間性――なのではないか。だからこそ、私たちは衝動や欲望に動かされてしまった場合、あるいは他人に配慮できず、利己的に振る舞ってしまった場合、自分はなんとだめな人間なのだろうと、自らを全否定する思いに駆られるのではないか。

むろん、そうした場合、私たちは言い訳もする。私たちが、どのように振る舞おうと、つまり自らの振る舞い方をめぐるいずれの選択肢を選択しようと、そのすべてに動機・理由が存しているからである。しかし、結局は口をつぐまざるをえない。というのも、当の選択肢を選択したのは、結局、いかなる理由・根拠によるのでもない、ほかならぬ「私」自身、つまり端的にこの「私」であるのだから。

こうして私たちは、余分に酒を飲み、塩分を取り、ケーキを食べ、たばこを吸ってしまったときでさえ、ときに黙々と自らを全否定する。

（2）さらに、「自由」が重要な意味をもつのは、私たちが自らを積極的に問う・試すという場面だろう。その具体例には、すでに言及した。まずは、たわいのないものとも言いうるが、買い物をする場合である。洋服を買う、帽子を買う、靴を買うという場合、私たちは積極的に「自由」を行使し、自らの可能性を問い、自らの可能性を試す。また、職業の選択といった場合には、自らの「自由」の行使は大いに重要な意味をもつだろう。このほか、試行錯誤しつつ、さまざまな技術を身につけ使用するという場合、またさまざまな芸術的営みを行なうといった場合、私たちは、その都度〈理由なき自己決定〉において、自らの可能性を問い、自らの可能性を試そう。そこにおいては、その度に、自由な振る舞いが遂行されているのである。

開かれる「自由」

このように私たちは日常、自らが問い・問われ、試し・試されるという仕方で、ときに「自由」のうちで苦しみ、ときに、「自由」を行使し享受する。しかし他方で、私たちは、知らず知らずのうちに〈不自由〉〈選択の可能性のあることが意識されている限りでの〈自由のなさ〉もしくは〈非自由〉〈選択の可能性のあることが意識されていない限りでの〈自由のなさ〉〉のなかで暮らしてもいる。というのも、私たちは好むと好まざるとにかかわらず、さまざまな地域的、時代的な制約を受けているからである。たとえば、家族制度などはその典型的な例だろう。すなわち、日本においては、夫婦は男女間でのみ成立し、別姓の選択は認められない。しかし欧米の少なからざる国、地域で、同性婚もしくはそれに類するものが認められ、夫婦間での別姓選択は、世界で広く承認されている。その点で、日本では、家族制度あるいは夫婦制度に関して選択の可能性が限られており、〈不自由〉あるいは〈非自由〉という状況にあると言うことができるだろう。

だが、こうした状況に対して——善し悪しは別として——「自由」という状況が、つまり選択の可能性が刻々開かれつつある。こうした「自由」への解放は、一面では時代の流れとして自ずと訪れてくるものでもあろうが、他面、それは、私たち自身が打ち開いてゆくものであろう。

そうした打ち開かれる自由は、私たちがしばしば経験してきたし、また現に経験していよう。歴史的に数え上げうる多くの政治的社会的な束縛が、まさに「自由」へと打ち開かれてきた。奴隷制度、身分制度、そして選挙制度等が、それである。もとより、奴隷制度においては、人間が生きるうえでもっとも基本的な選択可能性が、ことごとく奪われている。そこにおいては自らが試すことも試されることも、人間性を問うことも問われることもない。ただひたすら服従するのみである。身分制度においても、そこでは私たちが生きるうえでの重要な場面、たとえば職業選択等の場面で選択可能性が奪われていよう。選挙制度における制約は、直接的というより間接的な制約であるかもしれないが、しかし、選挙できるということ、つまり、そもそも選挙するかどうかを選択できるということ、そして選挙する際には、どの選択肢を選択するのかということは、私たちにとって重要な選択可能性であろう。それがある時期まで、身分差別的に、また男女差別的に制約されていた。こうした諸制約が選択可能性へと開かれてきた。さらには、今回の大震災を契機に、原子力発電の問題が広く「自由」へと開かれた。それまでこの問題は、いわゆる安全神話に守られて、一般的には選択の問題ではなかった。それが一気に、選択可能性のうちに存することになったのである。

こうした状況から見えてくることは、私たちが通常当たり前と思っている多くのことが、実は当たり前ではないということだろう。それは社会的な問題に関しても、個人的な問題に関しても言いえよう。社会的な問題に関しては、近年大学の秋入学が話題になっているが、私たちにとっては、六歳になれば桜の咲く季節に小学校に入学することは、当たり前のことである。その後、一定の手続きのもとで国家的に決定され、地域的に採択されたカリキュラム・教科書に基づいて教育され、六年後にまたもや桜の咲く季節に中学に入学する。さらに同じ桜の季節に、高校、大学に入学する。こうした当たり前のことが、事柄としてはことごとく選択可能な問題、「自由」の問題なのである。

また、個人的な問題に関しては、先に多くの「自由」の場面（起きる時間等々）を挙げたが、他方、朝起きてから夜寝るまでの間のさまざまな振る舞いが、私たちにとって当たり前のものとなっていよう。さらには、原子力発電の問題と並びうる数多くの社会的、政治的、経済的諸問題が、私たちのまわりには山積しているわけだが、通常私たちは、そうした諸問題は聞き流すだけで、傍観者として存在することが当たり前のこととなっていよう。しかし、そうした私たちの振る舞いは、事柄としては当たり前のことではなく、選択可能性のうちにある事柄、「自由」の領域内の事柄なのである。

このように見るならば、たしかに私たちの世界のうちには、一方で「自由」があふれかえっている。しかし他方、私たちは実に多くの場合、「自由」のうちにではなく、〈不自由〉もしくは〈非自由〉のうちに存している。そうした〈不自由〉・〈非自由〉が、ときとして「自由」へと打ち開かれるのである。

生きる軌跡・「私」の歴史

私たち人間が、まさに人間として生きているのは、私たちが自由に振る舞うからである。そして、私たちが自由に振る舞うとは、自らの振る舞い方を、端的に自分自身で選択・決定するということである。また、端的に自分自身で選択・決定するとは、根本的に、理由(根拠)のないなかで自らの振る舞い方を選択・決定するということである。そうした選択・決定は、一方で恣意的でとりとめのないものである。しかし他方で、それは深刻で重大なものでもありうる。その限り、決してサイコロを振ったり、あみだくじでなされるようなとりとめのないものではない。それはその都度、言い訳も何も――いかなる理由づけも根拠づけも――許されない、端的な「私」自身の選択・決定として、端的に「私」自身によって下される決定的なものなのである。

そうであることにおいて、いまやこう言うことはできないだろうか。私たちは、このようにして、その都度〈理由なき自己決定〉を遂行しつつ、自分自身の生きる軌跡を描くのではないか、と。むろんその際、日常生活の多くは、一方で、選択・決定などということは無縁で、当たり前に進行していこう。つまり、通常、朝起きる時間や朝食の内容、朝何をするかなどは習慣化がなされていようし、先に触れたように、多くの社会問題に対しては、当たり前のごとく傍観者でいよう。しかし他方、そうしたなかで私たちは、しばしば〈理由なき自己決定〉を遂行する。また、習慣化された当たり前のことであると捉えられる〈不自由〉〈非自由〉が、ときに「自由」へと、つまり〈理由なき自己決定〉へと打ち開かれる。私たちは、こうした〈理由なき自己決定〉の遂行において、自らが自らの生き方を選択・決定し、自分自身の生きる軌跡を描き、自らの歴史を紡いでいくのではないだろうか。

むろん、ここにおいては、たえず習慣化という事態が生じよう。いうならば、それは「自由」の〈非自由〉化である。朝いつ頃起きて、その後何をどのようにするかといったことは、あるときは選択可能な事項として、あれこれ迷うかもしれないが、その後習慣化し、選択不要な事項——当たり前の振る舞い——となろう。この点では、私たちの日常生活とは、私たちがあれこれ迷って選択することなしに、すべてが相変わらず、つまり当たり前に安定的になされるものであり、〈非自由〉な生活であろう。そして、こうした安定した日常生活こそが、私たちの自由な生活形態である、とは多くの人が思いもしよう。たしかにそうなのだが、しかし、すでに明らかなように、この「自由」——日常的な意味での「自由」——とは、選択可能性に基づく根底的な意味での「自由」ではない。その限りでは、そこに私たち自身の新たな軌跡・歴史が刻まれることはない。

そうであるならば、また、私たちが生きる軌跡・自らの歴史とは、根底的な意味での「自由」と〈非自由〉——日常的な意味での「自由」——との交錯であると言うこともできるかもしれない。すなわち、一方で私たちはさまざまな場面で、振る舞い方の選択に迫られる。つまり根底的に自由である。しかし、この根底的に自由な振る舞いが、やがて習慣化し、選択の必要のない〈非自由な〉振る舞い（日常的な「自由」）となる。逆に、この〈非自由な〉振る舞いが、ときに根本的・根底的な「自由」へと打ち開かれる。それによって、これまで選択とは無縁であった私たちの振る舞いもしくは過ごし方が、一つの選択肢となり、自らのあり方に対して反省的自覚的になるのである。

さらに、こうした脈絡でしばしば言われることは、よい振る舞いをすることの習慣化ということであろう。たとえば、再び車中で席を譲るという例だが、私たちは通常、どうしようか、迷うことがあるだろう。その結果、場合によっては、譲らないということになるわけだが、そういう場合でも、とにかくがんばって譲る。どんなに座っていたくても譲る。そのように、何度もよい振る舞いを積み重ねていくうちに、やがてそれが習慣化する。当たり前のこととなる。そうなると今度は、どんな状況においても、無理することなく、自然と席を譲ることができるようになる、善行を行えるようになるというわけである（一八二頁参照）。根底的な意味では、それは、「自由」の〈非自由化〉であるわけだが、実践的・日常的な意味では、「自由」の成就、「自由」の獲得であり、大いに望ましいことであろう。それゆえに、このような善行の習慣化ということがありうるとすれば、そこへ向けての教育ということも、社会的な重要事となろう。

ただし、こういう場合でも、いったい何がよいことであるのか――すなわち、自らが当たり前によいと思っていることが、本当によいことなのかどうか――については、つねに反省的、自覚的であるべきだろう。つまり、何が本当によいことなのかについて、私たちは、私たち自身をつねに根本的な自由へと、選択可能性へと開いておくべきなのである。私たちが、自分自身の生きる軌跡を描く、自分自身の歴史を紡ぐとは、そういうことでもあろう。

第2章　私たちが自由であるということ

——ヘーゲルの自由論

私たちが、根本的な意味で自由であるとは、自らの振る舞い方の選択肢を前にして、〈理由なき自己決定〉を遂行することと、端的に振る舞うことであった。この「自由」をめぐって私たちは、さまざまな観点から論議の展開を試みたわけだが、ここで再びその原点、つまり〈理由なき自己決定〉という「自由」の根本的なあり方に立ち返るならば、実はヘーゲルの論じる自由論のうちに、この「自由」を鮮明に見て取ることができるのである。また、そこにはさらに、実践的（日常的）な意味での自由に関しても、特有の論議がある。それは、徹頭徹尾自己自身に固執しないという、そういう自由の論議なのである。

このことを視野に置きつつ、次にヘーゲルの自由論に立ち入ってみよう。

第1節　『自然法論文』における自由論

ここで取り上げたいのは、ヘーゲルが一八〇二年から三年にかけて公表した、いわゆる『自然法論文』（正式名『自然法の学的論じ方について（Über die wissenschaftlichen Behandlungsarten des Naturrechts）』）である。

「自由」と「無差別なA」

この著作には、「自由」をめぐる次の一節がある。これは一連のものだが、便宜的に三つに分節して引用したい。

自由とは、それが……−A を +A と統一し、そうして +A という規定性において存することをやめるということにおいてのみ、自由である。この両規定の統一において、両者は無きものとされる。つまり+A-A=0である。この無が、ただ+Aと-Aとの関係で考えられるだけであるならば、つまり無差別なAそのものが規定性とされ、プラスもしくはマイナスは、ただ他のマイナスもしくはプラスに対し考えられるだけであるならば、［そこには］絶対的な自由［が成立する］。

［それ］は、まさにそのようにしてこの対立を、またあらゆる対立と外面性を超出する。そしてそれは端的に一切の強制を不能にするのであり、強制はおよそ全く実在性をもたないのである。(2.477)

（1）ここにおいて、私たちが自由であるとはどういうことなのかが、主題的に論じられている。それによれば、まずは「自由」において、-Aが+Aと統一されるという。ここにおける+A・-Aとは、さまざまな選択肢であり、たとえば相手を殴りつける（+A）・殴りつけない（-A）、この洋服を買う（+A）・買わない（-A）、あるいは、目下の医療問題に目を向ければ、本人同意のない臓器移植に賛成（+A）・反対（-A）等である。こうした選択肢を前にして、私たちはいま、一方的に「+Aという規定性において存することをやめる」という。すなわち、いま私たちは、一方的に衝動に駆られて、相手を殴りつけてしまうとか、その洋服を一目見て気に入ってしまい、買ってしまうとか、また多くの患者が助かるからという一方的な理由によって、かの臓器移植に賛成するとかということ、つまり一方的に一つの選択肢（+A）を選択するということをやめる、という。このことが「-Aを+Aと統一」することだ、と言われる。いうまでもなく、もう一つの選択肢（-A）をも選択肢としてきちんと捉えるということである。そうであることにおいて、私たちは自由なのだという。

こうした「自由」においては、また「両者は無きものとされる」という。その意味は、すでに明らかだろう。すなわち、私たちは、当の選択肢のいずれかを選択する最終的な理由（根拠）をもちあわせてはいない――いずれの選択肢も決定的なものではない――ということである。いずれもが、決定的な理由（根拠）とはなりえないままに、両選択肢が並立する。このことが「+A-A=0」と表記されるのである。

ヘーゲルは、こうした「無きもの」・「ゼロ」という点を徹底して強調する。というのは、私たちの最終的な決定が、何らかの「卑近な必然性」によって決定されるということを、徹底して排除しようとするからである。「卑近な必然性」とは、目下の例によれば、一方的に衝動に駆られる、洋服を一目で気に入ってしまう、救われる患者の立場に一方的に心を寄せるといったことである。そこに「自由」は成立しない。自由であるとは、このような一方的な理由（根拠）――「卑近な必然性」――が、まずは「無きもの」・「ゼロ」でなければならないのである。

（2）ヘーゲルによれば、この徹底した「無」・「ゼロ」においてこそ、真の「自由」、すなわち「絶対的な自由」が成立する。ただし、ここにおいては、「この無が、ただ +A と -A との関係で考えられるだけである」という。その意味は、他からの介入が排除されているということであろう。たとえば、相手を殴りつけること（+A）も、抑制すること（-A）も、そうするように他から強制されているのではない。そうではなく、この両選択肢は、純粋に私たち自身のあり方として、私たち自身のうちで相対立し、対峙している。つまり、いま私たちが、いずれの選択肢をも選択・決定しかねている「無」・「ゼロ」というあり方は、「ただ +A と -A との関係で考えられるだけ」――ひたすら私たち自身が＋Aと－Aとの狭間にあるということ（＋A－A）――なのである。

このことがさらに、「無差別なAそのものが規定性とされ」ると表現される。というのは、ここにおいて問題はただ一つ、「無差別なAそのもの」なのだからである。それは、相手を殴りつけることであり、さらには、その洋服を買うこと、かの臓器移植を認めることである。これに関して、いま私たちは、ひたすら自分自身において、する（＋）か、しない（－）かを決めようとしているのである。そこに、本来の「自由」――「絶対的な自由」――が成立するという。

（3）とりあえず二つの引用箇所をたどったが、その論議は、私たちがこれまでに論じてきた自由論と軌を一にしていることが了解されよう。私たちが自由であるとは、自らの振る舞い方をめぐる選択肢を前に、私たちが一方的な理由（根拠）に基づいて、その一つを選択・決定するということではない。そうではなく、私たちが自由であるとは、そうした理由（根拠）が、総じて「無きもの」・「ゼロ」であることにおいて、私たちが、もっぱら自分自身で選択肢を最終決定するということなのである。

さらに第三の引用箇所を追うならば、こうした「自由」においては、もはや選択肢間の対立はないという。その意味は、こうである。すなわち、ここにおいては、「Aそのもの」をする（＋）にしても、しない（－）にしても、いずれにしても、私たち自身が自分自らの振る舞い方として、それを最終決定する。その際私たちは、そのいずれをも選択しうる。換言すれば、そのいずれを選択するにしても、そのいずれもが私たち自身の振る舞い方であり、いうならば私たち自身（自分自身）なのである。相手を殴りつけるのも自分であり、思いとどまるのも自分、その洋服を買うのも自分で、買わないのも自分、かの臓器移植を認めるのも認めないのも自分自身なのである。そうであるならば、ここには、もはや選択肢間の対立はない。いわば、すべての振る舞い方が自分自身なのだというのである。そうである限り、他者との対立もない。なぜなら、他者が自分とは異なった振る舞い方をするとしても、それもまた自分自身の振る舞いでもありえたのだから。ここにおいては、すべてが自分自身のうちへと内面化している。つまり、「あらゆる対立と外面性」が克服されている、とヘーゲルは言う。

ここではまた、「一切の強制」が端的に不可能である、と。なぜなら、すべてが自分自身のあり方として内面化されているのだから。そうであることにおいて、私たちは、自らの振る舞い方をひたすら自分自身で決定する。「強制はおよそ全く実在性をもたない」のである。

共同体論的自由論

このヘーゲルの論議は、「自由」を〈理由なき自己決定〉とする点で、私たちの自由論と軌を一にするのだが、しかし、それはある脈絡のうちにある。その脈絡とは、一種の理想的な共同体論という脈絡である。そこにおいては、個人は、「絶対的な人倫（absolute Sittlichkeit）」という理想的な共同体の一員と捉えられようとするのである。すなわち、ヘーゲルはこう言う。

> こうした自由は絶対的であるが故に、あるいは、この自由においては、個別性［個人・私］は端的に純粋な個別性［個人・私］であるが故に、……それは、無限であり、……絶対的な解放である。そして、純粋な個別性［個人・私］とは……それ自身の反対、すなわち普遍性なのである。（2.479）

ヘーゲルの言う「自由」とは「絶対的な自由」なのであり、そこにおいては、個人（「私」）はおよそ何ものにもとらわれず、〈絶対的に解放された〉「無限な」個人（「私」）であるという。それはそのまま「普遍性」でもある、と。この「普遍性」とは、かの「絶対的な人倫」である。つまり、個人（「私」）は同時に、自らの属する理想的な共同体そのものであり、その一員であるというのである。

そうであるならば、たとえば、「私」が相手を殴りつけたいという衝動に駆られたとしても、相手を殴りつけてしまうということは、とりあえず、ありそうにない。殴りつけてしまうということは、いまだ絶対的に解放されてはいないということであり、なお「対立と外面性」を克服していない——なお強制されている——ということになりそうである。ここにおいては、「私」は、そうではなく、そうした衝動からも、そして一方的な道徳や法からも全面的に解放されて、「純粋に」「私」自身として振る舞おう。その振る舞いとは、理想的な共同体の一員としてふさわしい振る舞いなのであり、そうしたものとして、自ずと定まってくるということになろう。私たちは、そのように振る舞うことによって、一人一人がほかならぬ「私」自身であると同時に、「普遍性」（「絶対的な人倫」）そのものなのである。

ヘーゲルの目下の自由論は、たしかに、このようにして共同体論的であり、また、理想主義的あるいは理性主義的な脈絡のうちにある。

人間論的自由論

しかし、このようなヘーゲルの自由論の根底には、一貫して人間論的な自由論と言いうるものが存しているのである。それは、私たち人間は、不可避的に悪しき、あるいは不本意な振る舞いをしてしまうが、しかし、そのような自分自身をも全面的に受け入れることによってこそ、私たちは真に自由である――絶対的に自由である――という論議である。

（1）こうした人間論的な観点からヘーゲルの論議を捉え返すならば、私たちが〈絶対的に解放された〉「無限な」個人（「私」）であるとは、こういうことである。すなわち、私たちが、総じて不本意に振る舞った自分をも、そのあるがままに承認して、振る舞う、生きるということだ、と。これまでの例によるならば、手足、体を震わせつつも、グッと我慢していたが、とうとう相手を殴りつけてしまった。また、その洋服、靴を買い、その職業を選び、そして、かの臓器移植に賛成したが、しかし、その洋服、靴はその後あまりしっくりせず、職業も必ずしもうまくこなせず、その臓器移植も実際多くの問題を引き起こすということになった。とすれば、私たちはやはり、相手を殴りつけなければよかったと後悔もし、また、洋服、職業、社会問題等については、別の選択肢を選択すればよかったと思いもしよう。しかし、私たちが絶対的に自由であるとは、私たち人間とはそういうものなのだ――その都度、〈理由なき自己決定〉をすることによって、不本意な選択をもするのだ――と了解し、こうした後悔せざるをえない自分をも、まさに自分自身として引き受けて、その自分を生きるということなのだ、と。このことが絶対的に解放されているということであり、私たちが、自分自身もしくは人間そのものという「普遍性」を生きるということである。それが、私たちが「端的に純粋な個別性「個人・私」である」ということ、「無限である」ということなのである。

（2）このようにして、自分自身のあり方をすべて受け入れて、そうしたあるがままの自分をそのままに生きるという、人間論的な観点からの自由（「絶対的な自由」）が、ヘーゲルの論議の根底にある。こうした「自由」こそが、かの共同体論的な観点へと置き入れられるのである。そうであることにおいて、すでに言及したように、私たちはもはや、相手を殴りつけたり、犯罪を犯したりはしないようにも思われる。しかし実際には、私たちは、いつでもどこでも、相手を殴りつけたり、犯罪を犯したりする。ヘーゲルもそのように考える。理想的な共同体においても、私たちは犯罪を犯す（+A）のである。これに関して、目下の脈絡で重要なのは、相手を殴りつけてしまった、あるいは犯罪を犯してしまった自分自身に固執しないということ、そうした自分自身の自己正当化といったものを決して行なわないということである。というのも、もしそうしたことをするならば、「自由」はおよそ存さないことになるからである。ヘーゲルの論議に即すならば、こうである。

+A［目下の脈絡では、ある犯罪行為］が行為者（Subjekt）のうちで、絶対的に固定化される［抑制されることなく徹頭徹尾固執され正当化される］ならば、行為者は、ひたすら強制［強制としての刑罰］を身に受けなければならないことになろう。（2.479）

［だが］行為者［犯罪者］が、一つの規定性としての+A［当の犯罪行為］を否定的に捉え、廃棄し、放棄すること［つまり、それに固執することなく、その正当化を断念すること］ができるとするならば、それによって行為者は、他者の可能的な、また、現実的な強制力［刑罰］のもとでも、端的に自由であり続ける。（2.478f.）

この否定的に絶対的なもの、純粋な自由は、その現象においては死［あらゆる固執を全面的に放棄すること］である。この死の能力によってこそ行為者は、自らが自由であり、端的にあらゆる強制を超え出ていることを実証

する。(2.479)

さらに、こう言われる。

報復は刑罰においてのみ理性的である。というのも、犯罪は刑罰によって克服される[すなわち、刑罰において、固執を全面的に放棄することとしての死が成就しうる]からである。……したがって、刑罰は自由の回復である。犯罪者は自由であり続けたのであり、あるいはむしろ解放されているのである……。(2.479f.)

私たちは犯罪をも犯しうる。しかし、それを犯した(+A)としても、そのことに固執せずそのままに認める、換言すれば、同時に自らの罪をも認め、相応に罰を受けるということ(-A)——犯罪を犯せば刑罰を受けるので犯さないということ、換言すれば、犯せば刑罰を受けるということ——、そして、この全体(+A-A)こそが、自分自身にほかならないということを、承認するということ、このことによってこそ、私たちは、いかなる「強制力」のもとにもない、つまり自由であるというのである。こうした全面的な固執の廃棄が「死の能力」と言われるわけだが、さらには、「+A ならびに-A の絶対的な否定」(2.478)、「端的に否定的な絶対性、もしくは無限性」(ibid.)であるとも言われる。そうしたあり方が、私たちの「人倫的な本性」(ibid.)であり、ほかならぬ「絶対的な解放」(2.479)なのだとも。そして犯罪者にとっては、刑罰によってこそ、こうした解放がなされうるのだというのである。

もとより、相手を殴りつけてしまった、犯罪を犯してしまったとすれば、私たちは全面的な自己否定に陥りもする。

そうした場合、むろん私たちは、殴りつけたり犯罪を犯した自分に開き直ってはいけない。そうした自己正当化においては、「自由」は失われる。しかし、他方私たちは、全面的な自己否定に捕らわれてしまうべきでもない。そこには「自由」はない。そうではなく、私たちは、殴りつけたり犯罪を犯してしまう自分（+A）も、また、それを行なわない自分（-A）——犯罪を犯せば相応の刑罰を受ける自分——も、そのままに受容し（「否定的な絶対性」の実現）、あるがままの自分をあるがままに生きなければならない。それが、かの「+A-A=0」という定式の内実であり、それが「絶対的な解放」「絶対的な自由」なのである。

ヘーゲルの共同体論的な自由論の根底には、こうした人間論的な自由論が存しているのである。

（3）私たちがヘーゲルの自由論のうちに読み取りたいのは、こうした人間論的な自由論である。ただし、これまでの私たちの論議は、ここでヘーゲルの言う「絶対的な自由」にまでは達していない。私たちのこれまでの論議の捉える「自由」とは、このように、その都度の自分自身をすべて受容し、そのあるがままの人間を生きるという、「無限の」個人の「自由」ではいまだない。そうではなく、それはこうしたものに留まっていた。すなわち、たとえば相手を殴りつけたい衝動に駆られているが、いま、それを必死で抑えている。ここにおいては、いずれの選択肢にも、それなりの動機・理由がある。しかし、このいずれを選択するのかについては、その理由・根拠を挙げることはできない。こうした理由・根拠のない事態が、「+A-A=0」である。そして、こうした「ゼロ」つまり無理由・無根拠のなかで、私たちは、相手を殴るか（+A）抑えるか（-A）を自分自ら選択・決定する——〈理由なき自己決定〉——。これが、これまでに私たちの捉えた「自由」、すなわち、自由な選択であり、その振る舞いが自由な振る舞いなのである。

だが、ヘーゲルの目下の論議は、その先を見据えている。それによれば、このようにして、私たちが自らの「自由」において選択・決定した自らの振る舞いを、ことごとく自らの振る舞いとして認め受容し、自分のあるがままをそのままに生きるということ、このことこそが、私たちが端的に自由である、〈絶対的に自由である〉ということなのだ、と。

第2節 「絶対的な自由」

——真に自分自身であること、自分自身に固執しないこと

このように見るならば、目下のヘーゲルの自由論のうちに、たしかに、私たちの論じる根本的・根底的な自由のあり方を見て取ることができよう。そしてさらには、この根本的な自由と密接に関わる形で、実践的・日常的な自由、すなわち、私たちが日常生活を送るうえで、自由に生きていると言いうる「自由」のあり方を見て取りうるのである。その「自由」とは、あるがままの自分をあるがままに生きる（全面的な固執の廃棄）という、そういう私たちのあり方である。これが人間論的な観点から見る限りでの、ヘーゲルの言う「絶対的な自由」にほかならないが、ヘーゲルは、いわゆるイェーナ期（一八〇一—一八〇七年）において、一貫して、この「絶対的な自由」論を説き続けた。その論述を、少々丹念に追ってみたい。

『差異論文』および『信仰と知』

まずは、この時期の初期の著作である。

（1）それは、一八〇一年に出版されたヘーゲルの最初の著書『フィヒテとシェリングとの哲学体系の差異（Differenz des Fichteschen und Schellingschen Systems der Philosophie)』（いわゆる『差異論文』）であるが、そこから短い一つの文言を引いておきたい。これは、直接「自由」に関わるものではないのだが、ここで、いわばきわめて形而上学的に、「無」「闇夜」ということが語られる。

多様な存在は、二つの闇夜の間に支えもなく横たわっている。それは無のうえにのっているのだ。（2.26）

「多様な存在」とは、私たちがある一定のものと捉える限りでの、すべてのものを意味する。したがって、こう言われている。私たちの振る舞いをも含めて、私たちの世界の一切は、ことごとく「二つの闇夜の間に支えもなく横たわっている」、と。つまり、それが由来する過去も、これから進みゆく未来もまったく不明、「闇夜」である。一切合切が、その存在の根拠をもっていない――「無の上にのっている」――というのである。

さらに、翌一八〇二年に公刊された論考『信仰と知』において、こう言われる。

哲学のまずなすことは、絶対的な無を認識することである。（2.410）

真理は、その誕生の地である神秘の深淵から立ち昇るように、そのように、無と無限性の純粋な闇夜とから立ち昇る。（2.431）

純粋な概念もしくは無限性とは、あらゆる存在がそこに沈潜している無の深淵である。(2.432)

ここにおいては、「無」・「闇夜」が、「絶対的な無」「神秘の深淵」「無の深淵」「無限性の純粋な闇夜」、さらには「純粋な概念」、また端的に「無限性」と言い換えられて、それこそが「真理」の「誕生の地」であり、「あらゆる存在がそこに沈潜し」、そして「哲学のまずなすこと」は、それを「認識すること」であると言われる。

(2)このように「無」・「闇夜」の、いわば根源性を述べた後で、ヘーゲルは、いよいよ「自由」に論及する。

この純粋な概念もしくは無限性［無・闇夜］こそが、……絶対的な自由の理念を、したがって、絶対的な苦悩、もしくは、かつては史実的でしかなかった思弁的な聖金曜日を、しかも聖金曜日そのものを、その神が失われたという全真実と厳格さにおいて、再興しなければならない。(2.432)

これによれば、「この純粋な概念もしくは無限性」、すなわち目下の「無」・「闇夜」こそが、「絶対的な自由」という「理念」を再興しうる。つまり、私たちは、この根源的な「無」・「闇夜」を認識することによって、失われた「絶対的な自由」の「理念」を、再び手にすることができるというのである。

その意味は、こういうことであろう。すなわち、私たちはさまざまに振る舞うのだが、その際に、絶対的に自由であるというあり方を失ってしまっている。というのも、私たちは、しばしば、自分自身のあり方を、まさに自分自身のあり方として受け入れることができないからである。もっともはなはだしい場合は、中毒症状から抜け出ることができない、あるいは、何らかの犯罪に繰り返し走ってしまうといった場合だろう。こうした自分自身を受け入れることは、たしかに、きわめて難しいだろう。また、それほどではないにしても、相手を殴りつけてしまった、あるいは、会議をサボってしまった、車中でお年寄りに席を譲らなかったといった場合も、ときに、そうした自分を受け入れるということが難しい。すでに触れたように、お酒や甘味を過剰に飲食したという場合でも同様でありえようし、さらには、購入した洋服や靴が気に入らなかった場合にも、そうしたことは起こりえよう。自らの選択した職業が思いどおりのものではなかった、それで仕事に行き詰まっているといった場合などは、そうした自分自身を受け入れられないという状況は、深刻なものでもありえよう。こんなはずではなかった、自分はもっと生き生きと活躍できるはずであるのに、と。こうした状況において、私たちはあるときは、自らのそもそもの選択にこだわり、さまざまに自己正当化をして、ひたすら無理をとおそうとしよう。またあるときは、目下の状況に鑑み、ひたすら自分自身に失望し、落胆するといったことになろう。要するに、私たちは、目下の自らの状況を、目下の自分自身を、受け入れることができないのである。

これに対して、ヘーゲルが一貫して説くことは、そうした自分自身をすべて受け入れてしまえ、ということである。中毒症状に陥っている自分、犯罪を繰り返している自分をも、すべて受け入れてしまえ、と。むろんそうはいっても、中毒症状に陥ったままでいい、犯罪を繰り返していい、と言っているわけではない。というのも、もう一方の選択肢が、それではいけないと言っているからである。このいずれもが、自分自身なのである。こうした自分自身をきちんと見据えよ、+A−A=0というあり方をきちんと踏まえよ、というのである。

そして、その際に重要なことは、目下の論述によれば、根源的な「無」・「闇夜」を認識することなのである。この「無」・「闇夜」を認識するとは、私たちを支えてくれるいかなる根拠もないなかで、私たちは存在し、振る舞っていることを、知るということである。私たちは、さまざまな衝動、欲求・欲望、そして希望をもち、ときに衝動、欲求・欲望に引きずられつつも、社会的な規範に従って生きようとする。しかし、そうした一切には、実のところ何の根拠もない、つまりそれは、何ものによっても支えられてはいない。たとえば、私たちが衝動や欲求・欲望に引きずられたとしても、私たちはそういうものであるということ以上でも以下でもない。そうした衝動、欲求・欲望を断ち切って、社会的に健全に生きたとしても、私たちがそう生きるというだけのことであって、それ以上でも以下でもない。あの人は立派な人だと言われるかもしれないが、それだけのことである。私たちは、社会的に成功するかもしれないし、挫折するかもしれない。しかし、いずれにしても結局、それだけのことなのだ。すべては闇夜の間に横たわり、無のうえにのっている。重要なのは、こうした根本的な無意味さ、根拠のなさを徹底して知ることなのだ、というのである。

それを知ることによって、その都度の私たち自身の生き方、あり方が、どちらでもよくなるのである。むろん、どちらでもよいとは、どうでもいいという、いわば投げやりの態度ではなく、その都度の自らの生き方、あり方に固執しなくなるということ、つまり、自分自身に固執しなくなるということである。このことをヘーゲルはまた、「経験的なものを犠牲にする、捨て去るということ」(2.432)である、と表現している。もとより、それは経験的に手に入れたもの、いま自らが保持しているものを、実際にすべて捨て去ってしまうということではない。そうではなく、そういうものに固執することが根拠のない、意味のないことであるがゆえに、それに固執することを徹底してやめるということであり、結局のところ、こういうものに固執する自分自身への固執を断つということである。

こうして「絶対的な無」を認識することによって、この「神秘の深淵」から「真理」が「立ち昇る」という。この「真理」こそが、「絶対的な自由」の「理念」であるというわけだが、目下のヘーゲルの論述においては、それはもっぱら宗教的な観点から捉えられている。すなわち、それは一切の支え、根拠が失われている、つまり「神が失われている」という――「絶対的な苦悩」を伴う「聖金曜日」の――認識であり、この認識によってこそ、「全真実と厳格さにおいて」、「真理」つまり「絶対的な自由」が「再興」される（つまり、神が復活する）のだ、と。

こうした「絶対的な自由」とは、このような宗教色を脱色するならば、むろんかの『自然法論文』（『信仰と知』の直後に執筆公刊）における「絶対的な自由」にほかならない。私たちが自分自身に固執するのをやめて、自らの自己決定、および、それによる振る舞いを、さらには、その振る舞いの帰結等のすべてを、私たち自身の決定・振る舞いであると受け入れ、いつでも変わらずに自分自身を振る舞い、生きるということである。

ただし、一点付言しておくならば、こうして自分自身への固執を解消するとはいっても、それは自分自身というもの、「私」自身というものを解消するとか、それが希薄になるとかということでは、およそないということである。私たちは、選択肢を前にして、〈理由なき自己決定〉を遂行する。その際には、端的に「私」が選択・決定するのであり、そこにこそ「私」は存在する。そうした「私」が自らの歴史を積み上げる。ただ、その際その都度の「私」（成功したり失敗したりする自分）に固執してはならない、執着してはならないというのである。そうした固執・執着を廃して、あるがままの「私」を生き、その歴史を積み上げなさい――まさしく「+A−A＝0」を生きなさい――というのである。それが「絶対的な自由」なのだ、と。

『一八〇三―四年の体系構想』

引き続き、『一八〇三―四年の体系構想』を見よう。

（1）ここでは、まずはじめに論議の前提として、「個別者」すなわち「私」とは何かが、こう論じられる。

個別者が意識であるのはもっぱら、自らの占有と自らの存在とのあらゆる個別性が自らの本質全体と結合して現われて……いる限りである。つまり、個別者があらゆる契機を自分自身として定立している限りである。というのも、このことこそが意識、つまり、世界の観念存在だからである。(GW 6.307f.)

表現は難解だが、言われていることは簡単だろう。すなわち、私たちは、食器・家具一式、さまざまな衣服、装身具、文房具、コンピューター等々を我がものとして所有（あるいは占有）しつつ、一人の人間として、また家族や社会、それに会社等の一員としてさまざまに振る舞う。私たち自身とは、このような我がものとしての諸物と一体となって、さまざまに振る舞う「個別者」（「私」）である。こうした「個別者」が、こう表現されている。「私」においては、「私」が獲得した一つ一つのもの（「占有」）、および「私」自身の一つ一つのあり方（「存在」）である「あらゆる個別性」が、「私」の「本質全体」と「結合して現われている」――「私」という「個別者」が、「あらゆる契機を自分自身として定立している」――。そうであることにおいて、「私」は「私」という「個別者」の「意識」である。ここにおいては、「私」は一つの「私」の世界として存在している、と。この「私」自身としての「私」の世界を、ヘーゲルは、「世界の観念存在」と表現するのである。

「私」とは、こうして、一つの「私」の世界であり、一つの「世界の観念存在」である。ここにおいては、このうちにあるすべてが、「私」自身を構成する、「私」にとって本質的なものなのである。

さらに、こうした個別者論を踏まえて、こう論じられる。

それ故に、何か個々の自分のものが傷つけられるということは、無限である。それは絶対的な侮辱であり、全体としての自己の侮辱、自らの名誉の侮辱である。そして何でも個別的な契機をめぐっての衝突は全体をめぐっての闘争なのである。（GW 6.308）

「私」とは、さまざまに振る舞いつつ、自らの世界を形作り、その世界を生きる。この世界に存するすべては、「私」自身と本質的に結びついている。それゆえに、この「私」の世界が、他者によって、わずかなりとも傷つけられると、それは、「私」の世界の損傷であり、「私」自身——「私」全体——の損傷であることになる、とヘーゲルは言う。それは「無限」であり、「絶対的な侮辱」であり、「全体としての自己の侮辱」「自らの名誉の侮辱」である、と。したがって、「私」は自らの「全体」を賭けた「闘争」へと突入する。「個別的な契機をめぐっての衝突」は、ことごとく「全体をめぐっての闘争」なのだ、と。

ここに描写されているのは、徹底して自己自身に固執する「私」であろう。それは、私たちの目下の脈絡に即すならば、徹底して自己正当化をする、あるいは言い訳をする「私」である。たとえば、あるとき相手を殴りつけてしまった。とすれば、当然非難される。しかし、それは「私」にとっては、「私」の全人格の否定であり、「絶対的な侮辱」「名誉の侮辱」なのである。それゆえに「私」は、そうした「侮辱」と全面闘争する。すなわち、「私」は、本当は相手を殴りつけるような人間ではないのだ。しかし、そのときは、これこれこういう事情でやむをえなかったのだ等々と、徹底して自己正当化する。ここにおいて「私」は、現実の自分自身を決して認めようとしない。つまり「私」は、現実の自分自身を自分自身であるとは認めずに、本当の「私」自身なるものを身勝手に思い描き、この〈本当の自分自身〉に徹底して固執するのである。

こうした「私」は、自らの選択した職業において挫折したようなときでも同様だろう。「私」はやはり、そうした自分を受け入れようとはしない。したがって、自らを非難してくる者に対しては、全面的な自己正当化、つまり全面闘争を遂行することになろう。本当は、「私」はこんなものではないのだ。「私」が挫折したのは、周りが悪いのだ、社会が悪いのだ等々、と。

（2）だが、この「全体をめぐっての闘争」は、「死という無」に帰着するという。この「死という無」においてこそ、「絶対的な自由」が実現するというのだが、その論議はこうである。

私は、私の現実在のこの広がりにおいて、つまり、私の存在と所有とにおいて承認されようとするが、しかし、私はこのことを、私がこの現実在を廃棄するということへと転化する。そして、私自身そうであることによってのみ、つまり私が……私の現実在の広がりそのものを、私の個別性の全体を、廃棄するということによってのみ、私は……総体として真に承認される。（GW 6.310f.）

したがって、総体の個別性のこうした承認は、死という無を招来する。(GW 6.311)

「私」は、自らが全面的に傷つけられた(侮辱された)と自己了解することによって、全面的な闘争に入る。そこにおいて「私」は、「私の存在と所有」(「私」の世界)が、「私」の思い描くがままに、全面的に承認されることをもくろむわけである。しかし、こうした闘争は挫折する。私たちはそのようにして、どんなに自らの思い描く自分自身(自己正当化)を貫き通そうとしても、必ずや挫折するのである。そうであることにおいて、「私」は「私の現実在の広がりそのものを、私の個別性の全体を、廃棄する」という。これは、先に『信仰と知』のなかで、こう言われたことと同内容だろう。すなわち、「経験的なものを犠牲にする、捨て去る」、と。それは、自らの思い描く〈本当の自分自身〉に徹底して固執し、それを貫き通そうとする、この「闘争」が、無意味・無根拠であることを知り、この固執を全面的に捨て去るということである。

それによって、「私」は「真に承認される」というわけだが、ここに顕現するのがまたもや「死という無」である。かの「無」・「闇夜」――「絶対的な無」「神秘の深淵」等――と呼応する、この「死という無」から「真理」が「立ち昇る」。その「真理」とは、「絶対的な自由」である。

このようにして、ここにおいても真の自由、「絶対的な自由」とは、かの「+A-A=0」である。すなわち、私たちはさまざまに振る舞うわけだが、自由な振る舞いとは「無」・「ゼロ」、つまり、私たちが理由(根拠)のないなかで、ひたすら私たち自身において選択・決定することによる振る舞いである。ただ、その際に「私」自身への固執が断たれていない限り、それは、真に自由な振る舞いであるとは言えない。なぜなら、そこにおいては、いまだ「対立と外面性」が克服されていないからである。それが克服されるのは、かの「無」・「闇夜」が捉えられることにおいて、すなわち、「私」自身への固執が全面的に捨て去られること——「死という無」——においてである。それによって私たちは、自分自身を、そして自由に振る舞う人間自体を、一貫して生きることができる。すなわち、私たちは、絶対的に自由なのである。

『精神現象学』

最後に、一八〇七年に公刊された『精神現象学』のうちに、絶対的自由論を読み取っておこう。それは、いましがた見た闘争論をほぼそのまま引き継ぐ形で、かのよく知られた「主人と下僕」の節（「自己意識」章第1節「A. 自己意識の自立性と非自立性、主人と下僕」）に現われる。それは一連の論議だが、二分して引こう。

> 両者はこの闘争に入らなければならない。というのも、両者は、もっぱら自己である（für sich zu sein）という自らの確信を、他者および自ら自身において真理へと高めなければならないからである。そして、この［もっぱら自己であるという］自由が確証されるのは、ただ生命をかけるということによってのみである。
>
> つまり、ただ生命を賭けるということによってのみ、次のことが確証されるのである。すなわち、［1］自己意識にとって本質的なことは、存在ではないということ、つまり、自らが立ち現われる直接的な仕方なのでもなく、

生命の広がりのうちに自らが沈みこんでいることでもないということ、――そうではなく、［2］自己意識においては、自らにとって消失しない契機は一切存在しないのだということ、自らはひたすら純粋な自己存在（Fürsichsein）なのだということ、このことである。（3.149）

すでに、これまでの論議が、ほぼそのまま踏襲されていることは明らかだろう。ここでの両者とは、二つの「自己意識」、つまり「私」と、もう一人の「私」である他者である。この両者は「闘争に入らなければならない」という。この「闘争」とは、〈本当の自分自身〉――思い込んだ「私」――を貫くための全面闘争にほかならない。すなわち、「私」は、「私」が構想・構築する世界こそがまちがいなく「私」自身の世界であり、また端的に「私」自身であると確信する。しかし、この確信が「真理」であるということ、つまり、その世界が本当に他の何ものによっても侵されることのない「私」の世界であり、絶対の「私」自身であるということを、「私」は確証しなければならない。そのために、「私」は、「私」の世界に侵入し、これを乱す人々に対して、全面的な――「生命を賭ける」――闘争を遂行する。それによってはじめて、私たちは「自由」であることができる、という。

ただし、こうして「自由」を実現する闘争によって達成されることとは、決して、「私」の世界が貫徹されるということではない。そうではなく、まったく逆である。すなわち、そこにおいて確証されることとは、まず第一に「自己意識［私］にとって本質的なこと」は「存在ではない」ということだ、という。ここでいう「存在」とは、「私」が身勝手に構想・構築する存在であり、そのような「私」自身、「私」の世界である。それは、「自らが立ち現われる直接的な仕方」であるとも言われる。そして、私たちがそうしたものに固執している状態が、「生命の広がりのうちに自らが沈みこんでいる」ということなのである。だが、これに対して、必ずや顕わになるのは、「自己意識［私］にとって本質的なこと」は、こういうことではない——自らの存在に固執し、自らの生命の広がりのうちに沈み込むことではない——ということなのだ、というのである。さらに、第二に確証されることは、「自己意識［私］にとって本質的なこと」とは、すべてが「消失し」うるのだということである、という。すなわち、私たちにとってのすべての「存在」、つまり、私たちが固執している自分自身（「自らが立ち現われる直接的な仕方」のすべて）は、「消失し」うるのだ——「自らにとって消失しない契機は一切存在しないのだ」——という。「私」が固執する「私」自身のあり方、「私」の世界は、ことごとく消えてなくなりうる、崩壊しうるというのである。そして、そうしたなかで、自分は「ひたすら純粋な自己存在なのだということ」、そのことこそが、「自己意識にとって本質的なこと」であるという。その意味はこうである。「私」が固執するすべてのものは消えてなくなりうるのだが、にもかかわらず、「私」が変わることなく「私」自身（「純粋な自己存在」）であり続ける——あらゆるものへの固執（自己への固執）を断って、あるがままの自分自身であり続ける——。このことこそが、「私」自身にとってもっとも重要なこと（「本質的なこと」）なのだ、と。このことが、かの生命を賭けた全面闘争において確証されるという。

こうして、この全面闘争においても、かの「絶対的な無」「神秘の深淵」が——すなわち、自己自身への固執はまったく無意味なのだということ——が、露わになる。それによって、私たちは真に自分自身なのだという、根本的な自己了解へと至りうる。ここに「真理」が「立ち昇る」。つまり「絶対的な自由」が成立するのである。

「経験的な自由」と「絶対的な自由」

これまでに、イェーナ期のいくつかの著作を取り上げ、ヘーゲルの「絶対的な自由」の論議を追ってきた。そこには、私たちの「自由」の究極のあり方とも言いうる、自分自身への固執の徹底した廃棄といったものが論じられていよう。こうした徹底した自己廃棄とは、私たちが論じてきた、選択の可能性において成立する「自由」というものの究極の形態と見ることができるだろう。ただ、このヘーゲルの論議をめぐっては、最後に一つの但し書きを付記しておかなければならない。それは、私たちが「自由」のもっとも基本的なあり方であると論じる〈選択の自由〉を、ヘーゲルは単なる「経験的な自由」であるとして、そもそも「自由」というあり方から排除しようとする、ということである。

(1) その論議は、先に見た『自然法論文』における自由論の直前にある。それによれば、「次のような自由についての見解は全面的に退けられるべきである」(2.476)。その見解とは、こうである。すなわち、「自由とは、相対立する規定性の間の選択である」(ibid.)、と。

この退けられるべき見解に従うならば、「[+A と-A [という選択の可能性] があるとき、自由とは +A か-A かのどちらかに態度決定することに存することになり、この〈あれかこれか〉に端的に結びつけられることになってしまう」(2.476f.)。だが、ヘーゲルによれば、「こうした選択の可能性というようなものは、端的に経験的な自由なのであり、それは経験的で卑近な必然性とひとつのもの、端的にそれと分離することのできないものなのである」(2.477)。

こうしたヘーゲルの論議によれば、私たちがいくつかの選択肢のうちの一つを選び振る舞うという場合、それは、一見自由な振る舞いに見えるが、しかし、実はそうではなく、それは「経験的で卑近な必然性とひとつのもの」であるにすぎない。それは必ずしも顕在化はしないにしても、必ずや何らかの動機・理由によって必然的になされたものなのである。たとえば、相手を殴りつけてしまった、目覚まし時計をセットしなかった、車中で席を譲らなかった、会議をサボってしまった。とすれば、そこには必ず、その振る舞いを決定づけた動機・理由もしくは理由・根拠がある。換言すれば、それは、そのときの状況やその人の性格等によって完全に説明可能なのである。いうならば、そこには、「+A−A=0」という無理由（根拠のなさ）は成立しておらず、したがって、「私」が純粋に「私」自身において振る舞うという〈理由なき自己決定〉も成立していない。それゆえに、総じて、選択の可能性——選択肢の一方を選択すること——においては、「自由」は存さない、というのである。

これに対して、ヘーゲルによれば、私たちが自己自身への固執を総じて捨て去るならば、そこには「+A−A=0」という無理由（根拠のなさ）が、そして、〈理由なき自己決定〉が、ひいては、真の「自由」（「絶対的な自由」）が成立する、という。ついては、ここにおいては、選択ということは行なわれない。自己への固執を全面的に解消することによって、自らの振る舞い方は自ずと明らかになる。というのも、先に言及したように、ここにおいて「私」とは「純粋な個別性」であり、それゆえに「無限」であって、そのまま「普遍性」〈理想的な共同体〉でもあるからだ、というのである。

（2）このような考え方は、ヘーゲルのその後の論議においても一貫して見て取ることができる。しかし、振り返ってみるならば、たとえ私たちが自己への固執を全面的に振り払ったとしても、自らが振る舞う際に、選択がなされないなどということがありうるだろうか。自らの振る舞い方が自ずと決まるなどということがありうるだろうか。へーゲルの論じる共同体論的な脈絡においても、やはりそのようなことはありえないのではないだろうか。すなわち、「私」が「純粋な個別性」であることによって、たとえ「普遍性」（理想的な共同体）と不離一体であろうとも、実際に「私」が振る舞う際には、必ずいくつかの選択肢に迫られることになるのではないか。たとえば、後の『法哲学』（一八二一年）を参照してみても、「法」・「道徳」・「人倫」という、あらゆる国家的・社会的な規範のなかで、私たちは、やはりつねに、自らの振る舞い方を選択するという、選択可能性のうちにあらざるをえない。そうした選択可能性、つまり「恣意」（「選択意志」）ということと無縁であるのは「君主」のみなのである。というのも、「君主」とは、「意志の究極的で無根拠な自己」（精神）と、「同様に無根拠な現実在、つまり自然に委ねられた規定」（要するに自然）という、この「両契機の不可分な統一」のうちにあることによって、「恣意［選択意志］によっては動かされないという理念」を体現する唯一の個人（§281）――つまり、「普遍性」と完全に一体である「純粋な個別性」――であるのだからというわけである。

そうであるならば、通常私たちは、どのようなあり方で存しているとしても、やはり選択の可能性のうちにあるのではないか。したがって、目下の「絶対的な自由」と、ヘーゲルの言う単なる「経験的な自由」との間に、根本的な差異は存在しないのではないだろうか。すなわち、前者は「経験的で卑近な必然性」――当の振る舞いを必然的に決定する動機・理由――とは無縁で、ひたすら自分自身によってなされる自由な振る舞いであり、後者はそうではなく、この「必然性」によって決定された、自由ならざる振る舞いであるとは言えないだろう。実際このいずれにおいても選択は行なわれざるをえないのであり、そうである限り、そこに隠れた、しかし決定的な動機・理由を考える必要は総じてないであろう、ということである。

ヘーゲルの言う「経験的な自由」と「絶対的な自由」とは、根本的には区分することができない。両者は一体のものであろう。すなわち、それらはいずれも無理由・無根拠における選択・決定（「+A−A=0」）として成立しよう。ただ、そこになお差異を見て取ることはできるであろう。「経験的な自由」においては、いまだ自己への固執が解消されていないのに対して、「絶対的な自由」においては、これが全面的に解消されている、と。

私たちが自由であるということ――まとめと展望

最後に、これまでの論議を振り返りつつ、ヘーゲル特有の自由了解を捉え返しておこう。

（1）まずは、私たちが自由であるとは、自らの振る舞い方を自分自身で選択することができるということであった。しかし、この自由、つまり選択可能性に基づく自由とは、自らの日常的な自由（実践的な自由）を失いうるものでもあった。中毒状態に浸り続けたり、犯罪を犯したり、健康上悪いことをしてしまったり、などということは、私たちの日常の自由なあり方を奪うものである。だが、あらためて問いえよう。はたして私たちの日常の自由なあり方（実践的な自由）とは、いかなるあり方なのだろうか、と。それはたしかに一般的には、カント的な自由了解であろう。それによれば、自由とは、しっかりと自己統制をして、法的、道徳的、また健康上、悪いことをしないこと、つまり、よいことをすること――純カント的にはよいことを、それがひたすらよいことであるがゆえに行なうこと――、そして後悔のない、晴れやかな生活を送ることである。

ヘーゲルにおいても、共同体論的な観点においては、その自由論は理想主義的、理性主義的な自由論で、カント的な自由了解の延長線上にあると言うことができる。しかし、そうした論議の根底には、私たちのあらゆる振る舞いを包摂した、根底的な自由論――人間論的自由論――が存している。これに着目することによって、特有の根底的であると同時に実践的な自由論が浮かび上がる。それによれば、総じて自由であるとは、単によい振る舞いをすることではない。実際、私たち人間は、よい振る舞いばかりを遂行することはできないのである。私たちは、ときに悪い振る舞いもする（根底的な自由）。それが「私」であり、人間である。そうであるならば、私たちが――日常的、実践的に――自由であるとは、そのような自らのあり方をすべて認めてしまうということ、受け入れてしまうということなのだ、というのである。法的、道徳的、そして健康上、いつでもよいことをしようとがんばるのは、やはり「私」ならざるものに縛られているのである。それは自由ではないということである。これに対して、自由であるとは、ときに悪いことをする自分自身をも含め、そのすべてを受け入れてしまうということなのである（「絶対的な自由」）。

（2）このような自由は、カント的な自由とは根本的に異なっている。それは、よいことをするという特定の選択肢において成立する自由ではない。そうではなく、よいことをする自分も悪いことをする自分も、すべて認めて受け入れるという、つまり、こういう自分こそが自分自身であるといった、自分自身へのこだわり・固執を一切捨て去るという、そういうあり方において成立する自由である。それは、ヘーゲルの論述においては、私たちの世界のすべてが無理由・無根拠であるという、特有の世界了解と密接に結びついている。ある意味で、すべてはむなしいという、私たちにとってのなじみの世界了解だろう。これは、たしかにヘーゲルの一つの根本了解なのである。さらに一つだけ、ヘーゲル『精神現象学』の序論から、次の短い一節を引いておこう。

したがって、この［精神現象学の］道程は、懐疑の道程と、あるいはいっそう本来的には、絶望の道程と見るこ

とができる。(3.72)

『精神現象学』は、ヘーゲルが構築をもくろむ哲学体系の一角をなすものであり、そこに現われるさまざまな世界了解は、この体系を構成する重要な構成要因である。しかし、そのすべては内在的に崩壊する。すべての了解は、無理由・無根拠であることが露呈する。『精神現象学』とは、こうした世界了解の崩壊――世界了解の無理由・無根拠――を、一つ一つ確認する「懐疑の道程」「絶望の道程」なのである。そして、この道程の終局が「絶対知」である。それは、「懐疑」および「絶望」の極地であり、そうであることにおいて、「絶対的な自由」の成立の地なのである。

こうした「絶対的な自由」は、すでに論じてきたように、私たちの捉えた選択可能性に基づく自由(根本的・根底的な自由)と一体のものである。すなわち、私たちが根本的に自由であるとは、いずれもが私たち自身の振る舞い方である、複数の振る舞い方のうちの一つを選択するということであった。そうであることにおいて、目下の「絶対的な自由」(実践的・日常的自由)とは、この私たちのそもそもの自由(根本的・根底的な自由)を、そのまま自らのあり方として受け入れる、自覚するというだけのことなのである。つまり、私たちが選択しようとしている、自らの振る舞い方とは、いずれもが、私たち自身の振る舞い方なのだ、と。ここにおいては、いずれの振る舞い方をしても、私たちは私たち自身なのである。「絶対的な自由」とは、このことを自覚し受け入れるということであり、いうならば、それだけのことなのである。こうした自由とは、自分の思うとおりに振る舞う、その究極の形態であると言いうるだろう。というのも、そこにおいては、どのように振る舞おうと、ほかならぬ自分自身の振る舞いなのだから、自分自身の思いのとおりの振る舞いなのだから。それは、なすがまま、なるがままに生きるといったことであり、まさに、本当の意味で自分自身を生きるということ、本当の意味で自由であるということである、と言えるのではないだろうか。

ただし、あらためて付言するならば、このようにして、どういう自分であろうとも、そのあるがままをすべて受け入れてしまおう、どうなろうとすべては無理由・無根拠なのだからということ、このことはいわば悟りを開いて、仙人か高僧のごとくに生きるということではおよそない。そうではなく、私たちは、自らの全責任を背負いつつ、よいことも悪いことも行ない、他者とは全面闘争も遂行する——それによって自らが試し試される——のである。ただ、そうしたなかで、何かに固執すること、最終的には、自分自身に固執することはするな、というのである。自らを事柄そのものに委ねよ、ということであると言ってもいいかもしれない。他者と激しく争う。としても自説を、あるいは自分を強引に押し通そうとするためではない。そうではなく、それは、目下の争点におけるいわば真実を、また、その事柄自体を露わにするためなのである。そのように争うこと、あるいはそのように何ものにも固執せず、事柄に即してありのままでいること、それが自由であるということなのだ、というのである。

ヘーゲルの説く「絶対的な自由」とは、こうした自由と読み解きえよう。そして、これまでの論議を締めくくるならば、こうなろう。このような「絶対的な自由」こそが、私たちが自由であるということの本当の、あるいは究極の姿であろう、と。

第3章　因果関係・法則性・自由

――デイヴィドソン、ヴァン・インワーゲン、サールの批判的検討

私たちが自由であるとは、どういうことなのか。この問いをめぐって、これまで論議を展開してきた。それによれば、この問いに対しては、こう答えうるのであった。私たちが自由であるとは、私たちが、理由（根拠）のないなかで、自らの振る舞い方を自分自身において選択・決定し、振る舞うことである。そして、そのように振る舞う自分自身を、つねに自分自身として受け入れ、いつでもありのままの自分自身を振る舞い、生きることである、と。

だが、こうした私たちの「自由」というあり方については、それが実際に成立するのかどうかが、歴史上難解な問題であり続けた。神が存在するのだとすれば、私たちが自らの振る舞い方を自分自身で決定するなどということが、はたしてありうるのか。あるいは、世界が徹底して因果必然的であるのだとすれば、また徹底して物理法則的であるのだとすれば、はたして、私たち自身による自己決定などということが成り立ちうるのか、と。こうした問題設定は、形而上学的な自由の問題とも言われるわけだが（P. v. Inwagen, My 367）、最後に、この問題に論及しておこう。

ただし、神の問題には触れない。というのも、私たち人間を単なる操り人形にしてしまうような強力な神の存在なるものは、私たちにとっては時代的地域的に、おおむね疎遠であるように思われるからである。それゆえに、ここで取り上げるのは、因果必然性および物理法則的必然性と自由との問題である。世界が因果必然的であるとするならば、あるいは物理法則的に必然的であるとするならば、はたして私たちは自由でありうるのだろうか、と。

第1節　行為の因果説・「非法則的一元論」
——デイヴィドソンの提起

こうした必然性と自由との両立の問題は、難問であろう。というのも、まずは——因果必然性との関連だが——、時間的に先行する出来事によって、後続する出来事が因果必然的に決定されてしまうのであれば、たしかに自由の存立する余地はなくなってしまうだろう。しかも私たちの因果了解は、まちがいなく私たちをこうした自由の否定へと誘導する。というのも、私たちは、何事かが生じたとすれば、それには必ず原因があると考えるからである。それによれば、ある一定の原因は、必ずある一定の結果を引き起こすのである。なぜなら、ある原因が、ある別の結果を引き起こしたとすると、これまでとはちがった結果が起こったにもかかわらず、その別の結果を引き起こした原因がなくなってしまうからである。つまり、これまでとはちがったことが起こったにもかかわらず、そのちがったことを引き起こした原因がない——そのことは原因なしに起こってしまった——と。しかし、私たちの了解によれば、そうしたことはありえないわけだから、一定の原因があれば、必ず一定の結果が生じる——因果必然性——。しかも、私たちは原因を、結果に対して時間的に先行するものと了解している。そうだとすると、いまこの世界に起こっていることは、ことごとく時間的に先行する原因によって必然的に決定されていることになる。そうであるとすると、私たちが自由であるということは絶望的にならざるをえないのである。だが、むろんこうしたことにはならない。こうした因果了解は根本的に欠陥があるのであり、それについては、前著（『因果論の超克』、引用文献参照）において詳論した。いまは、まずは、この論議を引き継いで、因果了解の根本的な欠陥と、自由の成立の可能性とを、さらに新たな視点から確認したい。

問題設定

ついては、D・デイヴィドソンの行為の因果説、および「非法則的一元論」なる論議を取り上げ、批判的に検討する。というのも、デイヴィドソンは、いわば因果関係というものを逆手にとって、これを積極的に導入することによって、私たちの自由の可能性を基礎づけようとするからである。すなわち、デイヴィドソンは、私たちの世界あるいは宇宙が完璧に物理法則的であるとし、そのうえで、私たちの振る舞いが自由でありうること、また、その自由な振る舞いが、この世界・宇宙のうちに確固として位置づきうることを論証しようとする。これは、以下で触れるように、デイヴィドソン自身が驚くべき企てであると言うわけだが、この驚くべき企てを、デイヴィドソンは、まさに因果関係を導入することによって果たそうとするのである。

しかし、私たちは、こうしたデイヴィドソンの論議に対して疑義を呈したい。そして、私たちの行為、ならびに世界のあり方一般に関して、因果関係なるものを導入することの不適切さを、ひいては因果了解の根本的な問題性を明らかにしたい。そのうえで、さらに私たちは、デイヴィドソンの前提した物理法則的必然性という観点に立ち入り、それと自由との両立の問題を検討したい。

まずは、デイヴィドソンの説く行為の因果説である。

行為の因果説

ここでの問題は、私たちの振る舞い、つまり、私たちの行為を引き起こすものは何かである。

(1) この問いに答えるに際し、デイヴィドソンは、原因の概念、つまり因果関係を導入する。すなわち、私たちの行為を引き起こすものは、いわゆる「原因」なのだ。私たちの行為は「原因」によって引き起こされるのだ、と。もとより、私たちの行為を問題にする際には、通常因果関係が導入されることはない。それどころか、因果関係は積極的に排除される。なぜなら因果関係とは通常は、自然的物質的な関係性と了解され、これと私たちの自由な行為とは相反するもの、相容れないものと見なされるからである。

ところが、デイヴィドソンは、このような私たちの通常の了解に真っ向から反対する、もしくは挑戦する。私たちの行為は、因果関係とは別のところで、因果関係とは異なった関係性において遂行されるのではない。そうではなく、因果関係のただなかで、因果関係そのものとして遂行されるのだ、と。

デイヴィドソンの例によれば、こうである。「彼は体重を減らしたいと思っており、そしてエクササイズをすれば体重が減るだろうと考えた。そして彼はエクササイズをした」(A 11-12)、と。この場合、「彼は体重を減らしたいと思っており、そしてエクササイズをすれば体重が減るだろうと考えた」(「エクササイズをして体重を減らしたいと考えた」)ということは、これまで私たちもそう表現してきたように、「彼がエクササイズをする」ことの「理由」(動機・理由)である。デイヴィドソンにおいても同様である。デイヴィドソンは、これを「基本理由」であると言う。ただ、デイヴィドソンの主張は、これを単に「理由」と捉えていたのでは、右記引用文中の強調箇所である「そして」を、「ゆえに」に置き換えることはできない、ということである。これを「ゆえに」に置き換えるためには、「最低限、次の条件を加えなければならない」(A 12)とデイヴィドソンは言う。その条件とは、「行為の基本理由はその行為の原因である」(ibid.)というものである。

この点で、デイヴィドソンの行為の因果説の主旨は明快である。それは、この条件として表現されていること――「行為の基本理由はその行為の原因である」ということ――にほかならない。

(2)私たちが、何らかの行為を行なうとすれば、その行為には、それが行なわれるためのしかるべき理由がなければならない。そのしかるべき理由のゆえに、その行為は行なわれる。そうである限り、何の「ゆえに」、その行為が行なわれたのかと問われれば、明らかに理由が問われているのであり、何々の「ゆえに」――当の（基本）理由の「ゆえに」――その行為はなされた、と返答される。したがって、当の「基本理由」の「ゆえに」、「彼はエクササイズをした」と了解して、何の問題もないはずである。しかし、デイヴィドソンはそうではないと言う。なぜなら、理由は必ずしも行為を引き起こす――「強制力」（A 9）をもつ――ものではないのだから、と。

まさにデイヴィドソン特有の論議だが、それは次のようにして、これまでの私たちの論議のうちに位置づけることができよう。すなわち、いま「私」は、「エクササイズをして体重を減らしたい」と考えた。としても、「私」は必ずしもエクササイズをするとは限らない。〈食事制限をして体重を減らしたい〉と考えて、迷いもするだろうし、〈めんどうなので何もしたくない〉と思うかもしれない。それで結局どうするのか。これまでの論議によれば、私たちは端的に、つまり理由・根拠のないなかで、実際に振る舞うということなのであった。すなわち、「私」はさまざまな動機・理由に基づくさまざまな振る舞い方のなかの一つを、端的に（理由・根拠のないなかで）選択・決定し、実行する。目下の例によれば、「私」は「エクササイズをして体重を減らしたい」という動機・理由による振る舞い――エクササイズをする――を端的に選択・決定し、実行するのである。デイヴィドソンの論議は、この端的な実行の場面に関わる。すなわち、このようにしてエクササイズが実行されたとすれば、一般的には、その動機・理由のゆえに、その実行がなされたのだ、と了解される。しかし、実は、そうではない。それが実行された限りでの、その「基本理由」とは、もはや「理由」ではなく、「原因」なのだ――その振る舞いは、その「原因」によって引き起こされたのだ――というのである。こうして「基本理由」が「原因」と捉えられるということは、これまでの私たちの論議にとっても、ある意味をもちうる。

行為の因果説の意味

その意味とは、こうである。すなわち、「私」はそのとき食事制限をするのでもなく、また何もしないのでもなく、「エクササイズをして体重を減らしたい」と考え、それ——エクササイズ〈をして体重を減らしたいとの思い〉——を実行した。ということは、これまでの私たちの論議に従えば、そのとき「私」は、一つの選択肢であるこの自らの思いを端的に選択・決定した、つまり実行したということである。ここに行為の因果説を導入するならば、そこで説かれることは、こうである。すなわち、「私」が「エクササイズをして体重を減らしたい」と思ったという、この「基本理由」は、「エクササイズをした」ということの単なる「理由」ではなく、そのことを引き起こした「原因」なのだ、と。つまり、「私」がエクササイズをしたのは、「私」が「エクササイズをして体重を減らしたい」と思ったことによって引き起こされたのだ、というのである〈引き起こす思い〉の成立〈本書一四四―一四五頁参照〉。もし、そうだとするならば、——これが私たちの論議にとっての意味なのだが——この行為の因果説によって、目下の行為〈エクササイズをする〉を引き起こしたのは、「私」の選択・決定した「私」のこの思いなのだということが、確証されうるのである。まさに、この「私」の思いこそが、現にこの行為を引き起こしたのだ、と。

この因果説は、先に取り上げたネーゲルの論議と密接に関連する。その論議とは、「私」が自ら選択・決定を行なうという、「私」自身による端的な自己決定が、「たんなる印象」にすぎないのではないかという論議である。先の例によれば、「私」自身が選択・決定することによって、「私」はお年寄りに席を譲る。しかし、この振る舞いは、本当に「私」自身の選択・決定によって遂行されたのだ、と言いうるのか。デイヴィドソンの例によれば、「私」は「エクササイズをして体重を減らしたい」と考えた。「それゆえに」「私」は「エクササイズをした」。しかし、この振舞いは、本当に「私」がそのように思い、そのように考えたから（それゆえに）遂行された、と言いうるのか。こうした「私」の選択・決定、あるいはその際の「私」の思いは、「たんなる印象」にすぎないのではないのか。これがネーゲルの論議であり、ネーゲル自身は、この疑念を払拭することができないとして、かの袋小路において逡巡したままに留まったのであった。

これに対して、こうした「私」の選択・決定は、決してたんなる印象に留まるものではなく、そこにこそ、この「私」が存在する、ということでもあるのではないかと私たちは論じ、ネーゲルの逡巡を退けた。デイヴィドソンの論議は、こうした私たちの論議を支持するものとなりうる。というのも、その際に「私」自身が選択・決定した限りでの「私」の思い（〈引き起こす思い〉）は、宙に浮いた幻のようなものではなく、「私」の振る舞い（行為）を引き起こす確かな「原因」なのだ、というのだから。〈お年寄りに席を譲って晴れ晴れとした気分になりたい〉という、ほかならぬ「私」自身の思いが「原因」で、「私」はお年寄りに席を譲る。「エクササイズをして体重を減らしたい」という「私」の思いが「原因」で、「私」は実際にエクササイズを遂行する（「自由な意図的行為」（A 19））。そうであるならば、「私」の思いは、確かに実在する何ものかだ、ということになりえよう。では、こうした行為の因果説は、どのように展開されるのだろうか。

単称因果言明

ここに導入され展開されるのが、特有の「単称因果言明」論である。

（1）一般に、因果言明は、単称因果言明と一般因果言明とに区分される。単称因果言明とは、一つ一つの個別的な出来事に関するもので、たとえば、そのときそこで電気コードの短絡つまりショートがあり、それが原因でその家が燃えた（結果）という言明であり、一般因果言明とは、一般的な因果関係、たとえば電気コードの短絡があると火災が発生するというものである。

この両言明は見られるとおり、一体のものであるわけだが、しばしば前者、つまり単称因果言明がより重要視される。というのも、因果関係が取りざたされるのは通常、とりわけ特殊な個別的な状況においてだからである。たとえば、何の変哲もない日常的な状況のもとで、どうして火災が起こらないのだろうかと、因果関係を求めようとすることはほとんどないだろう。それに対して、あの家が燃えたということは大事件である。それで、いったい原因は何なのかがたちまち問題となり、ここに因果関係が鮮明に浮かび上がるのである。ついては、警察や消防の現場検証がなされ、原因は電気のショートであったということが突き止められ、その電気のショートが原因で、この家屋火災が起こった（結果）という単称因果言明が成立する。これに関する一般因果言明、すなわち、電気のショートが原因で、一定の科学法則のもと、家屋火災が発生する（結果）という言明は、この単称因果言明を一般化したものなのである。このように見るならば、たしかに、単称因果言明が因果言明の原点である、と言うことができよう。

デイヴィドソンも、こうした観点を引き継ぐ。単称因果言明こそが、因果関係を端的に表明するものである。すなわち、因果関係とは、実際に生じた二つの（一定の仕方で記述された）出来事間に、ある〈引き起こし〉の関係が存することにおいて成立する関係である、と。では、その〈引き起こし〉の関係とはどのようなものなのか。この関係をデイヴィドソンは、精緻に論理形式化している（E 158）が、要するに、こういうことだろう。ある時点で、ある一つの出来事（たとえば、電気の「そのショート」）が起こり、その後、それがある別の一つの出来事（「その火災」）を引き起こした。とすれば、ここに、まさに〈引き起こし〉の関係が存在し、それによって因果関係（単称因果言明）が成立する。つまり、「そのショートがその火災を引き起こした」（E157）とすれば、そこに因果関係（単称因果言明）が成立する、というのである。いうまでもなく、「そのショート」が「原因」で、「その火災」が「結果」である。マッチを擦ったら火がついた、という場合でも同様である。ここにも、「そのマッチを擦ったこと」が原因で、「それに火がついたこと」が結果である（E 155）という因果関係（単称因果言明）が成立する。

（2）こうした論議は、何の変哲もない、よくある単称因果言明論であるかのようにも見える。ただ、その論点の一つは、ここにあろう。すなわち、「原因」とは端的に、そのこと――そのショート、あるいはそのマッチを擦ったこと――であり、そのことに尽きるのだ、と。というのも、しばしば次のように論じられるからである。すなわち、まずはマッチの例だが、それに火がついた原因は、単にそれを擦ったということだけではなく、マッチが乾いていたこと、十分な酸素があったこと、十分に強く擦ったこと等々でもある。「原因」とはこれらの総体であり、したがってマッチを擦ったことは、原因の一部であるにすぎない（E 155）、と。火災に関しても同様で、火災の原因は、単にショートが起こったということだけでなく、やはり十分な酸素があったこと、そして近くに燃えやすい物があったこと、適切なブレーカーがなく、またスプリンクラー等の消火設備がなかったこと等々の総体である、と言われることになろう。

もとよりデイヴィドソンも、このような諸要因が存在することは認める。ただ、デイヴィドソンの議論の要点は、にもかかわらず、「原因」はそのこと、つまり、そのマッチを擦ったこと、そのショートが起こったこと、そのことに尽きるのだ、ということである。その意味はこうである。すなわち、いま問題なのは、そのときその場でそのマッチを擦った、あるいは、そのときその場でそのショートが起こったという、この個別的な出来事である。そうであるならば、いましがた述べ立てたような、いわば周辺的な諸「原因」は、当然併存している（E 172）。なぜなら、実際にマッチは点火したのだし、実際に火災は起こったのだからである。そうした状況のもとで、マッチを擦った。とすれば、端的に火がつく。同様に、その火災が起こった状況下で、そのショートが起これば、端的に火災が発生する。そして、ここに単称因果言明が成立する。〈そのマッチを擦ったことが、それに火がつくということを引き起こした〉、〈そのショートが、その火災を引き起こした〉、と。それゆえに、マッチを擦ったことが、その点火（「結果」）の端的な「原因」であり、またそのショートが起こったことが、その火災（「結果」）の端的な「原因」だ、というのである。
（3）こうした「原因」・「結果」の関係は、この両者がどんなに時間的に隔たったものであったとしても変わらない、という。たとえば、ある宇宙飛行士を殺すために、宇宙船が地上に泊まっている間に、水タンクに毒を混入する。その後、宇宙船が火星に到着したときに、その飛行士がその水を飲んで死んだ。とすれば、この飛行士が死んだ原因は、端的に水タンクに毒を混入したことである（E 177）、という。というのも、この出来事が現に起こったのである限り、水タンクに毒を混入したことが、とりもなおさず、この宇宙飛行士の死を引き起こしたのであり、私たちはこの〈引き起こし〉の関係を、誤ることなく了解しうるからである。

また、さらに言うならば、「原因」は複合的な出来事であってもいい。すなわち、ブルータスがシーザーに致命的な傷を負わせ、シーザーが死んだ。とすれば、シーザーが死んだ原因は、ブルータスが致命的な傷を負わせたことになりそうである。しかし、必ずしもそうではない。というのも、そのときブルータス以外の人々も、致命的であるにせよないにせよ、シーザーに傷を負わせたのだからである。つまり、そのときその場で起こった出来事とは、ブルータスその他の人たちがシーザーに致命傷を負わせたということである。それゆえに、この複合的な出来事がシーザーの死の「原因」となる。ここに、この複合的な出来事を「原因」とする単称因果言明が成立する、というのである（日157）。

こうして、デイヴィドソンによれば、このような単称因果言明が成立し、そこに因果関係が表明される。因果関係とは、こうして表明される二つの出来事間の関係だ、というのである。

「非法則的一元論」

このように、デイヴィドソンの単称因果言明論を見てみるならば、「理由」を「原因」と見なす、かの行為の因果説も見通しうるものとなろう。というのも、「私」もしくは「彼」が「エクササイズをして体重を減らしたい」と思ったという（デイヴィドソンによれば）一つの出来事と、実際に「エクササイズをする」というもう一つの出来事とは、実際に生じた二つの出来事であり、またその関係はこれまでと同様の〈引き起こし〉の関係である、と了解されうるからである。すなわち、そのとき「私」がそう思ったということが、「私」がエクササイズをしたという、このことを引き起こした、と。したがって、ここに単称因果言明、つまり因果関係が成立しうるのである。もはや「エクササイズをして……」と思ったことは、単なる「理由」ではなく「原因」であり、「エクササイズをした」ということは、その「結果」なのである、と。

こうしたデイヴィドソンの論議は、再び何の変哲もない論議であるようにも見える。「エクササイズをして……」という思いが「原因」で、エクササイズをし始めた（「結果」）というわけだが、これを因果関係であると言えば、たしかに、そうも言えるだろう。実際この類のことは、日常頻繁に起こっていよう。だが、それをこのように、あえて因果関係であると論じることに、何の意味があるのだろうか、と。

（1）しかし、こうした行為の因果論は、すでに言及したように、私たちの論議に対して一定の意味をもちうる。すなわち、自らの振る舞い方について、私たち自身が選択・決定した思い（〈引き起こす思い〉）が「原因」と捉えられ、私たちの実際の振る舞いが、その結果と見なされることによって——つまり、この両者が因果関係として捉えられることによって——前者、すなわち私たちの思い（心的出来事）が確固とした「たんなる印象」以上のものとして、確証されうるからである。

ここには古典的な難問も重ね合わされよう。それは、私たちがそのように振る舞おうと決心するという、私たちの心の動きが、それ自体としては単なる物体である私たちの身体を、はたして動かしうるものなのか、動かしうるのだとすれば、この両者はいったいどのように関係しているのかという、いわゆる心身問題である。むろん一般には、単なる私たちの心の動き〈私たちの思い〉が、物体の運動を引き起こすなどということはありえないのである。私たちがどんなに〈イスよ、動け〉と念じたところで、イスは決して動かない。にもかかわらず、身体という物体は、動こうと思っただけで動く。これはどうしてなのだろうか。

さらに言うならば、物体の動きは完璧な物理法則に従うという考えが、かなりの程度浸透している。それによれば、物理法則には従わないであろう私たちの思い（私たちの自由な自己決定）が、何らかの物体の動きを引き起こすということは、ありえないと思われよう。つまり、私たちがエクササイズをしようと思ったから、しかるべく身体が動く、手を上げようと思ったから手が上がる、右足から歩き出そうと思ったから右足から歩き出すなどということはありえない。というのも、物体である身体の動きは、すでに宇宙的な物理法則によって、私たちの思いとは関係なく、それ自体決定されてしまっていようから、と。

しかし、実際には何の問題もなく、エクササイズをしようと思えばしかるべく身体は動くし、手を上げようと思えば手が上がる。右足から歩き出そうと思えば、右足から歩き出す。これはいったい、どういうことなのだろうか。ここにおいて、私たちの思いが、本当に私たちの身体を動かしているのだろうか。心と身体とが、はたして本当に関係しえているのだろうか。デイヴィドソンに即して表現すれば、心的出来事と物的出来事とは、はたして本当に関係しえているのか。関係しえているのだとすれば、どのようにしてなのか。

ついては、デイヴィドソンの論議によるならば、こうなるわけである。「エクササイズをして体重を減らしたい」という思い（心的出来事）が「原因」となって、エクササイズをする――しかるべく身体が動く――という物的出来事（「結果」）を引き起こしている。心的出来事と物的出来事とが、たしかに関係しているのだ、と。しかもデイヴィドソンは、その際、身体の動きを含む物的出来事は、完璧に物理法則的であると見なすのである。

こうして、デイヴィドソンの論議によれば、心身問題が一気に解決されうるとともに、心的出来事、すなわち心のなかの私たちの思いが、確固たる実在的なものと位置づけられうることになろう。

ただし、これまでに論じた限りでは、こうした諸問題をめぐる解決が、およそなされたというわけではない。それどころか、いまだ何も語られてはいないと言っていいだろう。というのも、これまでにおいては、多くの人たちが、何の問題を感ずることもなく、たしかにそうなのかもしれない、つまり、私たちの思いが原因となって、自らの振舞いを引き起こすのかもしれない、と思うだろうという話に依然留まっていようから。そうである限り、これまでの論議によっては、単なる私たちの思い（心的出来事）が、身体の動き（物的出来事）を引き起こすという因果関係の内実が、いまだまったく明らかにされていない。物的出来事が宇宙的な物理法則によって、つねにすでに決定されてしまっているにもかかわらず、独自の心的出来事が存在し、それが「原因」となって、物的出来事（「結果」）を独自に引き起こすなどということがどうして可能なのかについて、何も語られていないのである。

では、デイヴィドソンは、こうした論証をどのように遂行するのか。目下の問題をめぐって、何をどう語ろうとするのか。ここに提起されるのが、デイヴィドソン自身がそう名づける「非法則的一元論」という、きわめて特異な論議なのである。

（2）それは次のようなものである。まずは世界の出来事は基本的に、すべて物的出来事であるという。「すべての出来事は物的であると主張する点において、非法則的一元論は唯物論に似ている」（E 214）、と。しかも、この物的出来事は、先に言及したように完璧に物理法則的なのである。ただし、それでは私たちの世界には完璧に物理法則的な物的出来事しか存在しないのかというと、決してそうではないという。そうではなく、それとは――「概念的に」（Tr 185）――区別される心的出来事がたしかに存在する。そして、この心的出来事は物的出来事とは異なり、「非法則的」だという。

さらに、物的出来事とは「概念的に」区別される、この非法則的な心的出来事は、法則的な物的出来事と因果的に関係するという。まさに行為の因果説だが、「エクササイズをして体重を減らしたい」という思い、つまり心的出来事が、実際に体を動かしてエクササイズをするという物的出来事と因果的に関係する——前者が後者を引き起こす——という。

そして決定的な帰結へと至る。すなわち、この因果関係のゆえに、心的出来事は「存在論的には」(ibid.) 物的出来事に還元される——すべては物的出来事である——のだ (ibid.)、と。つまり、非法則的な心的出来事も、存在としては物的出来事に一元化される (「非法則的一元論」) というのである。

こうした「非法則的一元論」において心的出来事がたしかに存在し、このたしかに存在する心的出来事が確実に原因として、物的出来事を引き起こすということが、きわめて逆説的に明らかにされる。きわめて逆説的にとは、心的出来事を物的出来事に還元することによって、すなわち、この両出来事の「存在論的な」一元性 (同一性) を証明することによって、ということである。心的出来事を物的出来事へと還元することによって、心的出来事を「存在論的に」確実なものとするると同時に、両出来事の因果的な関係の可能性を確保し、この関係の内実を示そうというわけである。

(3) むろん問題は、この決定的な帰結に至る論議の可否であろう。デイヴィドソンによれば、その論議の要点はこうである。

……私は、心的出来事が物的出来事と因果的に関係するという仮定と、因果的に関係しあうすべての出来事が物理法則の事例であるという仮定から、心的出来事が物的出来事と同一であるという結論――すなわち一元論――を論証したのである。(Tr 193-4)

「仮定」という表現が使われるが、それはデイヴィドソンの主張である。「心的出来事が物的出来事と因果的に関係する」という「仮定」に関しては、この因果的な関係を主張するためにこそ、かの行為の因果説――単称因果言明論――が提起されたわけである。したがって、この論述はこうなろう。すなわち、【大前提】「因果的に関係しあうすべての出来事は物理法則の事例［つまり、物理法則的な物的出来事］である」(このことは、デイヴィドソンの論議の大前提である。すなわち、デイヴィドソンによれば、根本的には、すべてが物理法則的な物的出来事である。それゆえに、すべての出来事は因果的に関係しあう。したがって、こう言うことができる。すべての出来事、つまり因果的に関係しあうすべての出来事は、物理法則的な物的出来事――物理法則の事例――である、と)。【小前提】ところで、「心的出来事は物的出来事と因果的に関係する」(行為の因果説)。【結論】ゆえに、この関係も物理法則の事例であり、心的出来事も物理法則的な物的出来事の一つである。つまり、「心的出来事は物的出来事と同一である」。「一元論」とはこの同一性を意味する、と。

(4)こうした主張は、ありきたりの物質還元主義のようにも見えよう。すなわち、心的出来事なるものも、それ自体存在しているかのように見えるが、しかし、実際に存在しているのは、因果的に関係しあう物理法則的な物的出来事のみである。心的出来事も、こうした物的出来事に単純に還元される。つまり、それは物的出来事に随伴する単なる投影像のようなものにすぎない。なので、それも結局、物理法則の事例であることになり、要するに心的出来事も実のところ端的に物的出来事である。それゆえに、心的出来事（これも実は物的出来事）が、別の物的出来事と因果的に関係する、と。

しかし、目下のデイヴィドソンの論議は、このような安易な物質還元主義とは決定的に異なっている。なぜなら、心的出来事は、あくまでも物的出来事とは異なる独自の出来事として確保されるからである。それは、物的出来事と因果関係を結ぶことにおいて、「存在論的」には物的出来事に還元されるのだが、しかし、単純にこれに還元されてしまうわけではない。たとえば、それが一定の脳の動きといったものに解消されてしまうわけではない。デイヴィドソンの表現によれば、心的出来事に対して「純粋に物理的な説明を与えること」（E 214）はできない。その意味で、心的出来事は物的出来事とは「概念的に」区別される独自の「非法則的な」出来事なのである。

ここで重要なのは、あくまでも独自の心的出来事が「原因」となって、物的出来事を引き起こすということ、こうした「概念的」にはまったく異なる両出来事が、因果関係にあるということ、しかし、そうであることによって「存在論的」には、心的出来事が物的出来事に還元される――物的出来事と同一なのだ――ということである。

こうして、非法則的な心的出来事が独自に確保され、しかもそれが物的出来事と関係し、それを引き起こすということが確証されるという。これが、デイヴィドソンの言う「非法則的一元論」である。

（5）こうした論議は、繰り返しになるが、私たちの自由論にとって、たしかに一定の意味をもちえよう。「私」の自由な振る舞いそのものが、「存在論的に」確証されるというのだから。しかし、やはりそれは危うい論議であるように見えよう。すなわち、大前提においては、物的出来事間の因果関係のみが問題となっているはずであるのに、小前提においては、心的出来事と物的出来事との間の因果関係が取り上げられ、この性格の異なる因果関係が直ちに同一化されて、結論が導出される。つまり、それゆえに心的出来事は物的出来事である、と。また、非法則的な心的出来事と完璧に法則的な物的出来事とは、「概念的には」別物だが、「存在論的には」同一だと言われるわけだが、それはどういうことなのだろうか。しかし、こうした問題については、デイヴィドソンは先刻承知である。だからこそ、デイヴィドソンは自らこの「非法則的一元論」の企てを「驚くべきこと」(E 223) だと評するわけである。しかもこう評しつつ、この論議を強力に展開する。

私たちは、こうした論議に立ち入って詳細に検討したい。それによって明らかになるのは、「大前提」と「小前提」とは、そのいずれもが根本的に問題的なのだということである。そして、目下のテーマは、私たちの自由な振る舞い(行為)であるわけだが、これについては、私たちはある一般的な考え方に立ち至ることになる。すなわち、私たちの自由な振る舞いとは、やはり因果関係においてではなく、因果関係と切り離されたところで成立するものであろう、と。私たちの自由な振る舞いは、因果関係には関わらない仕方でこそ、物的出来事と関連し、物的出来事(身体運動)として遂行されるのではないか、と。

第2節　因果という問題的想念(物的出来事をめぐって)

——デイヴィドソン批判(1)

早速、目下の「大前提」の検討に入ろう。たしかに私たちは、物的出来事は因果的に関係しあい、それが物理法則の事例である——そこに物理法則が存在する——ということは当然のことと考えよう。だからこそ、デイヴィドソンも「因果的に関係しあうすべての出来事は物理法則の事例である」という、かの「大前提」を、まさに「大前提」として掲げうる。しかし、これははたして正当なテーゼでありうるのだろうか。デイヴィドソンの因果論すなわち単称因果言明論を検証しよう。

日食、衝突、地震、洪水

ここにおいて、問題は、物的出来事における因果関係である。すでに論及したように、デイヴィドソンによれば、物的出来事に関しては、厳密な物理法則が成立しうる。そして、そうした「物理的科学の領域においては」（E 219）、「完全な予想可能性」（ibid.）ということが期待されうる。もとより、こうした問題をめぐるデイヴィドソンの論議はきわめて厳密で原理的だが、私たちの目下の脈絡においては、古典的な例としてニュートン力学を引き合いに出すことは許されよう。そうであるならば、その予想可能性とはこう了解できよう。たとえば、現在の地球と月との位置関係が分かれば、次に地球上のどの位置で、どのような日食が起こるのかは、ほぼ正確に予想できる、と。たしかに、そのとおりだろう。しかし問題は、ここに因果関係というものがどう関わりうるのか、である。

（1）いま、ある時点で日食が起こったとしよう。そうだとすれば、私たちはたしかに、その原因を考えもしよう。つまり、それに時間的に先立ち、かつそれを引き起こす何らかの「原因」がある、と。しかし、その「原因」とはいったい何なのだろうか。もし「原因」があるのだとするならば、デイヴィドソンによれば、その「原因」がこの日食を引き起こしたのだとの言明（単称因果言明）が、なされうるのでなければならない。だが、そのように言明されうる「原因」なるものを私たちは挙げることができるだろうか。たとえば、一月前の、太陽に対する地球と月との位置が「原因」である、と言うことができるだろうか。できないのではないだろうか。とにかくも、この位置を知って当の因果言明がなされうるとはとうてい思えない。すなわち、この位置関係を知ったとしても、ほとんど誰も、それによって日食が起こるなどと言明することはできないだろう。そこでさらに、地球と月の運動法則が導入されるかもしれない。一月前に地球と月がこれこれの位置にあって、その後それらはこういう動きをするのだ、と。しかし、その際、地球と月の位置およびその動きが、たとえば半月前までのものであったとするならば、それが半月後の日食の原因だと了解することはやはり困難だろう。それでは、ということで、考えをここまで進めることになろう。すなわち、その半月後に、地球と月はこういう位置に来る。つまり、太陽と地球のちょうど間に月が割り込んだのだ、と。すると今度は、皆が直ちに了解するだろう。ああ、それであの日食が起こったのだ、月の影になって太陽が一部（全部）見えなくなったのだ、と。たしかに、そのとおりだろう。しかし、それでは、この場合「原因」とはいったい何なのだろうか。それはまちがいなく、太陽と地球との間に月が割り込んだことだ、と言われよう。だが、それは「原因」ではありえないのである。なぜなら、そのように月が割り込んだということ――太陽が月の影になって、その一部もしくは全部が、見えなくなったということ――とは、その日食が起こったということにほかならないからである。それは一般に、日食が起こった「原因」だと言われるが、実はそれは、日食が起こったという「結果」そのものなのである。

このように見るならば、日食が起こったということについての「原因」なるものは、実はどこにも存在しない、つまり、ここには総じて因果言明は成立しない――因果関係なるものはおよそ関与しない――ということなのではないだろうか。それは、まさしく法則的に起こるから起こるのであって、それ以上でも以下でもないのではないだろうか。一般的に言うならば、宇宙の出来事（物的出来事）は、すべてが端的に、物理法則的に起こるが故に起こるのであって、それに尽きるということなのではないか。そこに、因果関係なるものは一切関与しないのではないか。

（2）むろん、こう言えば、さまざまな異論が提起されよう。たとえば、たしかに惑星や衛星の運動に関しては、そうかもしれないが、天体（物体）どうしの衝突ということに関しては、明らかに単称因果言明（因果関係）が成立しよう。これを身近な例に引き移して、ビリヤードボールの衝突ということを考えてみよう。いま、ボール（a）がコロコロと転がって、静止しているボール（b）に衝突し、それによってボール（b）が転がり始めた。とすれば、明らかに、そのボールの衝突が「原因」で、ボール（b）が転がり始めたことが「結果」であって、ここに単称因果言明（因果関係）が成立しよう、と。

しかし、慎重に見極める必要がある。ボールが衝突するということは、どういうことなのか、と。ボールが目下の状況で衝突するということは、ボール（b）が転がり始めるということ――そして、ボール（a）の速度方向が変わるということ――そのことにほかならないのではないだろうか。むろん日常的なイメージとしては、ボール（b）が転がり始めるという出来事とは独立に、ボールの衝突という出来事がまずあって、これによってボール（b）が動き始めるのだということになろう。しかし、目下の状況で、ボール（b）が動き始めない衝突などというものがありうるだろうか。いま、ボール（b）が動き始めないのだとすれば、それは衝突がなかった――たとえば、衝突の直前にボール（a）がぴたっと止まった――ということにほかならないだろう。そうであるとすれば、ここにはボールの衝突とボール（b）の動き出しという二つの出来事があり、この二つの出来事が因果の関係にあるというわけではない。そうではなく、ここにあるのは、ボール（a）とボール（b）の衝突というただ一つの出来事なのである。そこには、一つのきれいな物理法則が成り立っている。すなわち、ボール（a）の質量を m_1、その衝突前の速度・方向を v_0、衝突後のそれをv_1、ボール（b）の質量をm_2、その速度・方向をv_2とすれば、その衝突とは$m_1v_0=m_1v_1+m_2v_2=C$である。ボール（a）がボール（b）と衝突するということは、とりもなおさず、ボール（b）が転がり出すということであり、転がり出したボール（b）は、その後もまた、衝突があろうがなかろうが、完璧に物理法則的に運動する。ボール（a）も同様である。

このように見てみるならば、物体の衝突ということを考えてみても、やはりどこにも因果関係なるものは存在していないだろう。何がどう起ころうとも、すべては完璧に物理法則的に進行している。それに尽きるのではないだろうか。

（3）しかし、なお世界に因果関係は立派に存在するとの論議はやまないだろう。デイヴィドソンの例（Tr 203）を参照しつつ、いくつかの場合を考えてみよう。まずは地震の例だが、ここでは身近な場面によろう。〈いま、地震で家が揺れている〉、と。たしかに、これは典型的な単称因果言明であるかのように見える。地震が原因で、その結果、家が揺れている、と。しかし、この表現に違和感はないだろうか。はたして、私たちは家がガタガタッと揺れたとき、地震が原因で家が揺れていると思うだろうか。そうではないのではないか。私たちは、家が揺れているということが、地震が起こったということそのことだと捉えるのではないだろうか。私たちにとって、家が揺れるということは決して地震の結果なのではなく、地震そのものなのではないだろうか。そうであるとすれば、少なくともこの場面に因果関係は存在しない。存在しているのは、原因と結果という二つの出来事なのではなく、地震が起こったというただ一つの出来事であろう。

また、「ハリケーンによる水位上昇」の例だが、ここでは分かりやすく、こういう場面を想定しよう。〈いまここで長時間降り続いている土砂降りの雨によって、目の前の川の水位がかなり上昇している〉、と。これも、典型的な単称因果言明であるかのように見える。しかし、この場合も同様に、この土砂降りの雨が原因で、その結果川の水位が上がっていると言われたとすると、やはり奇妙な感じがするのではないだろうか。大雨が降るということは、そのまま川の水位が上がるということであろうから。ここには大雨と水位上昇という二つの出来事があるように見えるが、しかし、そこにあるのは実は、大量の水の（天から地への）移動という一事のみ――大量の雨（水）が川に降り注ぐということは、川の水位が上がるということそのこと――なのである。やはりここにも、自然法則的な水の流れがあるのみで、因果関係なるものはどこにもないだろう。

このように見るならば、このことが露わとなろう。物理法則的な物的出来事において、総じて因果言明なるものが成立しうるのかどうか、ひいては因果関係なるものが実際存在するのかどうかは、一つの根本的な問題でありうる、と。

マッチの点火が、爆発を引き起こした

この根本的な問題は、さらに検討を加える必要があろう。ついては、こういう例が挙げられる。「彼のマッチの点火が、その爆発を引き起こした」（訳は一部改変）、と。

（1）これは、誰もが認める単称因果言明の典型例であろう。すなわち、一方に〈マッチの点火〉という出来事があり、他方に〈爆発〉という出来事がある。そして、この二つの出来事が端的に〈引き起こし〉の関係（因果関係）で結ばれている、と。しかし問題はやはり、ここに成立しているとされる因果言明とは、ひいてはこの因果関係とは、

いったいいかなるものなのかということである。

まず着目すべき点は、このことだろう。この単称因果言明は、一定の科学的な知見によって媒介されているのではないか、と。すなわち、私たちは、引火性のガスが充満したところでマッチを点火すれば、爆発が起こるという科学的な知見（物理法則）――〈〈引火性のガス〉+〈火気〉〉=〈爆発〉――をすでに保有している。だからこそ、こう判断することができるのである。そこには、引火性のガスが充満していた。それで、マッチを点けたら爆発が起こったのだ、と。

むろんこう言えば、疑義が唱えられもしよう。いや、この単称因果言明は、何の知見もなしに端的に成立する言明でもありえよう、と。すなわち、目下の科学的な知見が保有されていないとしても、当の因果言明は端的に成立しうる。なぜなら、ある人がマッチを点けたとたんにドカーンと爆発が起こったとすれば、何の知見もなしに、そのマッチの点火が爆発の原因であるという言明はなされうるであろうから、と。たしかに、そういうこともありえよう。しかし重要なことは、その場合でも、その因果言明が正しいかどうかは、科学的に検証されなければならないということである。実際、科学的に検証されない因果言明は、正当な因果言明とは言えないだろう。たとえば、マッチを点けた、その瞬間に壁の絵がガタンと落ちた。手をポンと叩いた、その瞬間にカーテンがポッと燃え出した。というようなことが、もし起こったとすれば、私たちは一瞬、因果言明へと誘い出されるかもしれないが、しかし決して、その因果言明（この両出来事を直接の因果とする因果言明）が成立することはないだろう。なぜなら、その言明は科学的に検証できないから。あるいは、私たちは、それは科学的に検証できないという科学的な知見をもっているからである。

このように見るならば、私たちの因果言明には、やはり科学的な知見、すなわち科学的な法則が先行していよう。むろん科学的法則と言っても、一般にはそれはごく素朴なもので、たとえば先に挙げた、〈〈引火性のガス〉＋〈火気〉〉＝〈爆発〉であり、また健康などに関しては、〈〈一定量の喫煙〉＋〈一定量のビール摂取〉＋〈一定の栄養素の欠落〉＋〈一定の体質〉〉＝〈大腸がんの発症〉といった類のもの――統計学的に提示される因果関係も、結局はこの類のもの〈ある種の再現可能性〉――であろう。ただ、いずれにしても因果関係には物理法則が先行している。すなわち、まず因果関係があり、次いで物理法則が成立するということではない。そうではなく、まずあるのは物理法則である。次いで因果関係が、つまり正しい因果関係が成立するのである。とはいえ、物理法則の発見のプロセスといったものを考えれば、発見される法則に先立って、因果関係が把握されるということがありえよう。しかし、そうした場合でも、事情はマッチの点火と壁の絵の落下の場合と同様で、その因果関係が正しいかどうかは、物理法則が確立されることによってのみ決められよう。そうである限り、やはり因果関係には物理法則が先行するのである。目下の単称因果言明――「彼のマッチの点火が、その爆発を引き起こした」――に立ち返れば、そこにまず存在するのは、やはり〈〈引火性のガス〉＋〈火気〉〉＝〈爆発〉という物理法則である。次いで因果関係が成立するのである。

（2）それでは、このようにして成立する因果関係とは、いったい何なのだろうか。それについては、とりあえず、こう言うことができよう。それは、何か私たちにとっての関心事（いわゆる事件、たとえば爆発）が起こったときに、一定の物理法則を前提としつつ、もう一つの関心事（たとえばマッチの点火）が取り出され、この二つの関心事が〈引き起こし〉の関係として結びつけられたものである、と。すなわち、ドカーンと爆発が起こったとすれば、それは私たちにとっての関心事（事件）である。ついては、一定の物理法則――〈〈引火性のガス〉＋〈火気〉〉＝〈爆発〉――

に基づいて、もう一つの関心事（つまり「原因」）が取り出される。その際、その関心事（「原因」）とは、実は何に高い関心が寄せられるかによって異なってくる。すなわち、そこに引火性のガスが充満していることを知っていた人にとっては、それは既存の出来事であって、それほどの関心事（事件）ではない。むしろ関心事（事件）とは、〈そこで彼がマッチを点けた〉ということである。それゆえに「原因」は、「彼のマッチの点火」であることになる。他方、ガスが充満していることを知らなかった人にとっては、そのことこそが大事件であり、彼がマッチを点けるなどということは、ごく当たり前のことである。そうであるならば、ここでの「原因」は〈引火性のガスが充満していたこと〉になろう。この相違は、〈マッチの点火〉と〈ガスの充満〉とのどちらに事件性を見るか、どちらに高い関心を寄せるかなのである。

ただ、いずれにしても、そこで起こっていることは、物理法則的には事件でも何でもない、起こるべくして起こっていることであるにすぎない。それは病の発症などに関してもまったく同様である。

ここに、単称因果言明とは――そして、一般に因果関係とは――こうしたものであると、とりあえず言いえよう。すなわち、まず、ただ起こるべくして起こる物理法則的な出来事の一つ（爆発やある病の発症）が、一つの関心事〈事件〉として特定される。次いで、その法則上の構成要因（〈マッチの点火〉や〈引火性のガス〉、あるいは〈一定量の喫煙〉や〈一定量のビール摂取〉等）がまた一つの関心事として取り出される。そして、この両者が〈引き起こし〉の関係として結びつけられる。因果関係とはこうしたものなのだ、と。

（3）そうであるならば、こう言うことができるだろう。単称因果言明、そして因果関係が、それ自体独立に成立し存在することはない、と。それは、物理法則を前提し、それに基づいてのみ成立し存在することができるのだ、と

〈ハンソンの言う「理論負荷性」（前著、一〇七頁以下参照）〉。さらには、こうである。単称因果言明および因果関係は、つねに複数成立しうる、と。目下の例によれば、そのマッチの点火がその爆発を引き起こした。そしてまた、その引火性ガスの充満がその爆発を引き起こした、と。あるいは、その一定量の喫煙がその疾病を引き起こした。その一定の栄養素の欠落（それによる栄養状態）がその疾病を引き起こした。その体質（たとえば、ある遺伝子のその作用）がその疾病を引き起こした等々、と。こうして、それぞれ同一の出来事に関して複数の「原因」が存在し、複数の因果関係が成立する。

では、このこと、つまり、同一の出来事に関して、複数の単称因果言明および因果関係が成立するということは、何を意味するのかと言えば、それは、まずは繰り返しになるが、因果関係なるものが次のようにして成立していると いうことである。すなわち、物理法則的に起こるべくして起こっている事象――〈〈そのマッチの点火〉+〈その引火性ガスの充満〉〉=〈その爆発〉――に関して、私たちがある一定の関心のもとで、任意に二つの出来事を特定し切り出して、その両出来事間に〈引き起こし〉の関係があると捉えることによって。そうであるならば、一歩踏み込んでこう言いうるのではないだろうか。すなわち、起こるべくして起こっている事象という観点からすれば、単称因果言明なるものは、それ自体そもそも不成立なのだ、と。そして、総じて因果関係なるものは、そもそも存在しないのだ、と。なぜなら、「原因」なるものが「結果」を〈引き起こす〉ということはないのだから。すなわち、そのマッチの点火それ自体が、その爆発を引き起こしたわけでもないし、その引火性ガスの充満それ自体が、その爆発を引き起こしたわけでもない。ここにおいて、とりわけ〈そのマッチの点火〉が〈その爆発〉を引き起こしたと了解される――当の単称因果言明が成立するように見える――のは、〈そのマッチの点火〉のうちには、はじめから〈その引火性ガ

ス の充満〉が包摂されてしまっており、そもそも両者が一体のものと捉えられているからであろう。さまざまな疾病の場合も同様である。

ここで、本章冒頭に言及した、一般に了解される因果関係なるものに立ち返っておくならば、それはこうであった。時間的に先立つ「原因」が必然的に後続する「結果」を引き起こす、と。しかし、そうした関係性は、私たちのもつ単なる想念であるにすぎず、実際にはそうした関係性は存在しない。というのも、〈そのマッチの点火〉それ自体が〈その爆発〉を必然的に引き起こしたわけではないし、一般に〈マッチの点火〉が必然的に〈爆発〉を引き起こすわけでもない。〈その爆発〉を必然的に引き起こしたのは、〈そのマッチの点火〉と〈その引火性ガスの充満〉という、一体となった両者であり（単称因果言明）、また一般に〈爆発〉を必然的に引き起こすのは、〈マッチの点火〉+〈引火性ガスの充満〉なのである（一般因果言明）。

そして、そうであるならば、すでにそこには、総じて「結果」を引き起こすものとしての「原因」（因果関係）は存在しない。なぜなら、一体となった〈そのマッチの点火〉と〈その引火性ガスの充満〉という「原因」は、それによって引き起こされる「結果」（〈爆発〉）そのものなのだから（単称因果言明）。ここにおいては、「原因」と「結果」とは一致してしまうのだからである。このことは、一般因果言明においてもまったく同様である。こうして、実際に起こっていることは一貫して、起こるべくして起こる物理法則的な事象である。それに対して、因果言明もしくは因果関係とは、単なる想念であるにすぎない。もっとも、大いに実用的で有用な想念であるのだが。

マッチを擦ったら、それに火がついた

目下の論議の確認のため、デイヴィドソンの挙げるもう一つの例に立ち入っておこう。それは〈マッチの点火〉と〈爆発〉との類例だが、〈マッチを擦ったら、それに火がついた〉である。マッチ棒の頭をヤスリ紙にシュッと擦りつけると、その頭にポッと火がつく、と。

（1）この場合においても言いうるのは、物理法則が先行しているということである。というのも、私たちはマッチを擦るだろうから。つまり私たちは、決して楊子の棒をシュッと擦ったりはしない。ということは、私たちは、それ（マッチ）は、シュッとすればポッと火のつくものだという知見を、あらかじめもっているということである。さらには、誰にも経験があるだろうが、マッチを点けるということはかなり難しい作業で、私たちはその都度少し緊張しよう。いわんや、はじめて点けるときなどは、なかなかうまくいかないだろう。ということは、マッチには擦り方があるということであり、その擦り方を私たちは通常すでに知っている、身につけているということである。そうであるならば、〈マッチを擦ること〉と〈それに火がつく〉という二つの出来事は、やはり一定の知見を背景に因果的に結びつきえているのである。その知見とは、くどい表現になるがこうである。しかるべく擦れば火のつくもの（マッチ）を、しかるべく擦れば、それに火がつく、と。

こうした知見がそこにはある。したがって、マッチにエイッと声を掛けたらポッと燃えだしたとしても、この二つの出来事が因果的に結びつくということはない。私たちは、そのように結びつくという知見をもち合わせていないし、それどころか、私たちの知見はそれを否定しているからである。つまり、そこには素朴な形ではあるが、物理法則が

成立しているのである（〈しかるべくヤスリ紙に擦りつければ、点火する物質（マッチ）〉＋〈その物質（マッチ）をしかるべくヤスリ紙に擦りつける〉）＝〈その物質（マッチ）の点火〉、と。むろん考えてみれば、マッチなるものは、こうした物理法則に基づいて製造されたものである。そのことを私たちは知っているのである。

（2）もっとも、この例にはデイヴィドソンがやや詳しく論及している。それによれば、ここにおいては物理法則が因果関係（単称因果言明）に先行しているわけではない。つまり、マッチを擦ったことで、それが点火したという単称因果言明は、物理法則に先行されてはいない。というのも、この言明は、「むしろ、説明したい出来事を包摂する十分に成熟した法則が存在する、と信ずべき証拠の多くを」（E 160）当の法則に先立って提示するのだから、というのである。すなわち、あるときマッチをヤスリ紙に擦りつけたところ、点火した。次には点火しなかったが、その次にはまた点火した。何度か繰り返しているうちに、マッチをある仕方で擦るとほぼつねに点火するという具合になった。そうであるとすると、その際には、この点火に関する「十分に成熟した法則」などは知られていないのだとしても、当の因果関係（単称因果言明）が成立するのだ、と。それは、そのとおりだろう。実際、こうした単称因果言明は、ことによると物理法則などとはおよそ無縁な人間以外の霊長類（サル）なども——しゃべれるならば——語り出しそうではある。

しかし、そこにおいては、本当に物理法則なしに因果関係（因果言明）が成立しているのだろうか。やはり、そうではないだろう。すなわち、デイヴィドソンによれば、単称因果言明において「十分に成熟した法則が存在する、と信ずべき証拠」が提示されるという。つまり、当の言明は、当の法則の証拠を、当の法則に先立って因果関係として提示しているのだ、と。だが、ここに因果関係の証拠として提示された、その証拠が真正な証拠である——したがって、それは真正な因果関係を示すものである——とは、いかにして確証されるのだろうか。それはこの場合、何度か試行したことによって獲得された経験知（再現可能性）によって、ということになろう。しかし、この経験知とは、どのようなものなのだろうか。それは、かの知——〈〈しかるべくヤスリ紙に擦りつければ、点火する物質（マッチ）〉＋〈その物質（マッチ）を、しかるべくヤスリ紙に擦りつける〉〉＝〈その物質（マッチ）の点火〉——以外の何ものでもないだろう。たしかに、これは、「十分に成熟した法則」であるなどとはおよそ言えない代物である。だが、それも非常に素朴な形ではあるが、やはり法則、しかも物理法則である、と言うことができるのではないか。そうである限り、人間以外でも賢い動物であれば、非常に素朴な形でしかないが、物理法則を捉えうるのではないか（振り返るならば、私たちのもつ物理法則なども、おおむねこうした素朴なものだろう）。そうであるとするならば、やはり因果関係（単称因果言明）は物理法則によって先行されている、物理法則に基づいて成立するということである。因果関係（単称因果言明）は、この法則知が獲得されてはじめて可能となろうから。

こうして、目下の単称因果言明、ならびにその因果関係に関しても、かの〈爆発〉の場合とまったく同様のことが言いうることになろう。当の単称因果言明および因果関係が、それ自体独立に成立し存在することはない。それは物理法則を前提とする。さらには、そうした言明および関係は端的にそれ自体成立しない、存在しない、と。ここにおいても、そのものとして存在しているのは一貫して、起こるべくして起こる物理法則的な事象なのである。因果的な関係性とは、そこから任意に切り出された想念であるにすぎない。

「大前提」

これまで、デイヴィドソンの言う単称因果言明、あるいは一般に因果関係なるものをめぐって一定の論議を展開してきた。それを踏まえて、ここで目下のテーマであるかの「大前提」に立ち返ろう。

（1）まずは、その「大前提」を繰り返せば、こうである。「因果的に関係しあうすべての出来事は物理法則の事例である」、と。いま、このテーゼをあらためて読み返すとき、私たちは、そこにある種の違和感を覚えないだろうか。その違和感とは、このテーゼが誤っているということからくるものではないだろう。なぜなら、そのテーゼは完全に正しいからである。これまでに論じてきたように、「因果的に関係しあう出来事」とは、ある一定の科学法則を前提とし、それに基づいてまさに「因果的に関係しあう出来事」として切り出された出来事なのである。そうであるならば、そうした出来事がことごとく「物理法則の事例」であることは自明のことだろう。マッチを点火したところ爆発が起こったとすれば、それは明らかに〈〈マッチの点火〉＋〈引火性のガス〉〉＝〈爆発〉という物理法則の一事例なのである。したがって、このテーゼはたしかに正しい。にもかかわらず、そこに違和感を感じるとすれば、それは、このあまりにも当然の正しさ、つまり自明性から来るのではないだろうか。

すなわち、このテーゼの自明性はほとんどトートロジカルな自明性なのである。つまりそれは、「物理法則の事例」であるものは「物理法則の事例」であると言っているに等しい。というのも、出来事が因果的に関係しあうとは、当の出来事を物理法則に照らしてはじめて成立するのであり、したがって「因果的に関係しあう出来事」とは、はじめから「物理法則の事例」なのだからである。だが、このようにして、それが単なるトートロジーであるのならば、そのテーゼのもつ意味は何なのだろうか。

それは、こうならざるをえないのではないだろうか。すなわち、「因果的に関係しあうすべての出来事」は物理法則に解消するのだ、と。つまり、因果関係解消論である。しかし、マッチの点火の例を論じる際に論及したように、デイヴィドソンは決して、こうした解消論を論じようと考えてはいない。因果関係つまり単称因果言明は、物理法則とは独立に成立しうるというのだから。実際、デイヴィドソンは自らのもくろみを、独自に成立する因果関係の論理的形式化なのだと言う（E 149)。それゆえに、かの「大前提」は決してトートロジカルな言明ではないのである。そこにおいては、まずは「因果的に関係しあう出来事」が独自に設定される。そして、そのすべてが実は「物理法則の事例」であるのだと主張される。

実際、目下の「非法則的一元論」という論議に立ち返るならば、そのように主張されるのでなければ、単称因果言明なるものを論じる意味がなくなろう。なぜなら、「因果的に関係しあう出来事」が確固として存在するのだということ、そして――かの「小前提」において主張されるように――私たちの行為が、そうした出来事の一つであるということこそが、「非法則的一元論」の眼目であろうから。つまり、この論議は、因果関係というものがそれ自体としては存在せず、はじめから物理法則に依拠してのみ成立するのだということになれば、そもそも最初から成り立ちえないのである。その場合には、それは、先に言及したありきたりの物質還元主義にすぎないものとなってしまうのである。

しかし、私たちの指摘したい「大前提」の問題性は、まさにこの点にある。すなわち、デイヴィドソンは、そこにおける因果関係を独自に設定される関係性であると見なし、かのテーゼがトートロジーではないと考えるわけだが、しかし、それはやはりトートロジーなのではないか。それは実は因果関係解消論を述べたものであり、そうならざるをえないのではないか、と。つまり、「因果的に関係しあう出来事」とはそれ自体「物理法則の事例」なのであり、それ自体として存在してはいない。それ自体として存在しているのは物理法則的な事象であり、それに尽きるのではないか。そう思われるからである。単称因果言明あるいは因果関係とは総じて、私たちの一定の関心に基づいた便宜的な想念であるにすぎないのではないか。

（2）この点について、あらためて少々の確認と敷衍を行なえばこうなろう。すなわち、日常的には至るところで単称因果言明が成立し、因果関係が存在するといった様相を呈する。太陽、月、地球が直線上に並んで日食が起こった。ボールどうしが衝突して、止まっていたボールが動き出した。地震で家が揺れた。大雨が降って川の水かさが増した。さらには、ドアノブに手をかけてぐるっと回したら、ドアノブが回った。イスを押したらイスが動いた。手を離したので持っていた花瓶が落ち、そして割れた等々。しかし、こうした出来事は実は、因果的に関係する出来事ではないのである。というのも、そこには一つの出来事しか存在しないからである。すでに述べたように、日食、衝突、地震、増水などがそうであるが、ドアノブに手をかけてドアノブを回す、あるいはイスを押して動かすということなども同様である。すなわち、ドアノブに手をかけてぐるっと回すということ、あるいはイスに手をかけてそれを押すということとは、それぞれドアノブが回ること、あるいはイスが動くことそのこと自体なのであり、したがって、そのことの「原因」ではない（本書一五二―一五三頁、および前著八三頁以下参照）。手を離して花瓶が落ちる場合なども同様である。ここには、自然法則的な一つの出来事が存在するだけなのであり、因果関係なるものは存さないのである。

これに対して、〈マッチを点火したら、爆発が起こった〉〈マッチを擦ったら点火した〉といった場合、さらには

〈スイッチを入れたら、電灯がついた〉〈風が吹いて、木の葉が揺れた〉〈電池で、時計が動いている〉などといった場合には、たしかに二つの出来事が存在し、単称因果言明が、したがって因果関係が成立するかのように見える。しかし、それも全面的に自然法則に依存して成立したものであり、実際に生起している事象という観点からすれば、この因果関係も、成立しているかのように見えるだけのものである。その限り、それはそれ自体として存在する関係性といったものではない。それは、せいぜい私たちの関心に基づいて設定された便宜的な関係性であるにすぎないのである。

このように見るならば、私たちの世界とは、むしろ端的にデイヴィドソンの描くようなものなのではないだろうか。すなわち、すべての出来事は物理法則に従って起こるべくして起こるのであり、それに尽きる、と。これまでの論議に従う限り、このように言うことができるのではないだろうか。

毒殺、刺殺、そしてまた地震など

かの「大前提」の問題性を指摘し終えたいま、もはや物的出来事に関する因果関係に論及する必要はないかもしれない。ただ、デイヴィドソンは、これまでにも言及したが、いくつかの興味深い例を挙げている。最後にそれらに論及しておこう。

(1) まずは、宇宙飛行士の毒殺の例である。あらためて引用すればこうである。「私が宇宙船の水タンクに毒を混入する。……私の目的は宇宙飛行士を殺すことにある。そして、私はそれに成功する」(E 177〔訳は一部改変〕)、と。もとより、ここでの「原因」は「私が宇宙船の水タンクに毒を混入する」ことであり、「結果」は「飛行士の死」である。デイヴィドソンによれば、「この二つの出来事を区別することは容易である」(ibid.)。そして、むろんここには、この二つの出来事間に因果関係が成立している、と。

どうだろうか。ここには、たしかに単称因果言明が成立しているように見える。だが、本当にそれは成立しているのだろうか。というのも、この単称因果言明もまた、多くの物理法則、もしくは結局はその法則に裏づけられた経験的知識に媒介されていようからである。まず、ここには一定量の毒物を飲めば人間は死ぬという知見があらかじめ存していなければならない。そのうえで、たしかにその飛行士は、私が混入した毒を飲んで死んだのだということが確認されなければならず、その作業は当の毒入りタンクが実際に飛行船に積み込まれたことの確認から始まって、多くの手続きを踏むこととなろう(その手続きの一つ一つが結局は物理(自然)法則に基づいていよう)。つまり、目下の単称因果言明は、〈私が水タンクに毒を混入したこと〉から始まって、この飛行士がその毒を致死量分飲んで死ぬまでの一連の経緯を前提するのである。そうであってはじめて、その言明は正しい言明でありえよう。だが、そうだとすれば、それは、その間物理(自然)法則的に起こるがゆえに起こっている一連の事象のなかから、毒の混入と飛行士の死という二つの出来事(事件)を任意に切り出してきた、ということ以外の何ものでもないのではないか。そうである限り、決して単に毒の混入がその飛行士の死を引き起こしたというわけではないだろう。

(2)デイヴィドソンはさらに、こういう例を挙げていた。〈シーザーの死〉の「原因」とは、〈ブルータスほかの人たちが、シーザーに致命傷を負わせたこと〉である、と。これは正当な指摘だろう。なぜなら、いま問題なのは——つまり、関心事であるのは——、誰が、どういう傷をシーザーに与えたかということではなく、その場でシーザーが致命傷を負ったということであろうからである。しかし、ここに、この因果関係の問題性は明らかだろう。というのも、この「原因」とはシーザーに致命傷を与えた出来事であるということなのだから。すなわち、そうであるとすれば、その「原因」とはすでにシーザーが死んだという出来事そのものであろう。〈ある人に致命傷を与える〉ということは、〈その人が死ぬ〉ということなのである。それは明らかに因果関係ではない。そこに因果関係なるものは存在しない——単称因果言明は成立しない——のである。

同様の例は、大変おもしろいことに、いわゆる刑事物（サスペンス）といわれるテレビドラマを見ていると頻繁に——そして、ときにニュース報道においても——登場する。すなわち、こうである。「死因は何ですか」「心臓を一突きされたことによる、失血死です」、あるいは「首を絞められたことによる、窒息死です」「川に転落したことによる溺死です」等。これで何の問題もなく会話が進行する。しかし明らかなように、これは奇妙なやりとりである。なぜなら、失血死や窒息死それに溺死等は、その人が死んだということであって、その人の死の「原因」ではないからである。だが、私たちは日常ほとんど何の疑問もなく、それを「原因」と了解する。しかし、それは「原因」ではない。その関係は因果関係ではないのである。

ここにおいても、現に存在するのは、シーザーやそのほかの人々がさまざまな仕方で死に至るまでの、物理法則的に起こるべくして起こった一連の事象以外の何物でもないだろう。

（3）最後に再び、地震の例に返ろう。体感する地震については先に論じたが、デイヴィドソンは、私たちの体験を越えた地震の例を挙げている。「次のカリフォルニア地震が金門橋のその破壊を引き起こすだろう」（Tr 203）、と。この単称因果言明において、「原因」とはむろん「次のカリフォルニア地震」——具体的には、やがてカリフォルニア沖の海底で生じるであろう、マグニチュード八クラスの震源の揺れといったものだろう——であり、「結果」は

「金門橋のその破壊」である。ここに因果関係があるという。だが、この言明においては、明らかに一定の知見が前提されていよう。すなわち、その震源の揺れは一定の法則に従って周囲に伝播していき、一定時間の後、サンフランシスコ周辺も激しく揺れることになるのだ、と。さらに、その周辺が激しく揺れることによって、金門橋もまた破壊されうるのだ、と。かの単称因果言明は、こうした知見を前提としてはじめて成立することになろう。そうであるならば、ここにおいてもその言明には物理法則が先行し、それに基づいてはじめて、それは成立するということになろう。そして、ここにそれ自体として存在しているのは、やはりこの地震の以前以後を通じて変わることなく起こるべくして起こっている物理法則的な事象であろう。因果的に関係しあう出来事とは、そこから任意に切り出された断片であるにすぎない。私たちは、こうした知見に基づいて、「次のカリフォルニア地震」というものを「原因」と見なしているのである。

同様のことが、過去の地震に関しても言いえよう。関東大震災によって、東京下町をはじめ関東各地で総計十万人以上の人が死んだと言われる。ついては私たちは、関東大震災が「原因」で、十万人以上の死者が出た（「結果」）と了解する。その「原因」としての関東大震災とは、相模湾北西沖で起こったマグニチュード七・九の震源の揺れであるということだろう。そうであるならば、ここにおいても、私たちはすでにこのことを知っているのである。その震源の揺れは、一定の物理法則に従って、関東甲信地域に甚大な被害をもたらし、死者十万人以上を出したのだ、と。目下の因果言明は、この知見を前提に成立したのであり、そこにおける因果のいずれもが、やはり起こるべくして起こった一連の事象のなかから任意に切り出された断片なのである。

デイヴィドソンによってなお、「そのハリケーンが水位のこの上昇を引き起こしている」との例が挙げられる。これは、先に論じた、大雨による川の水位上昇の例のいわば拡大版、つまり「原因」を単なる「大雨」ではなく「そのハリケーン」としたものだが、これについても地震の場合と同様で詳論はもはや不要だろう。「原因」としての「このハリケーン」――たとえば、中心付近の気圧九一五ヘクトパスカル、最大風速五五メートルの、そのハリケーン――と「結果」としての「水位のこの上昇」とが、一定の物理法則を前提として結びつき、ここに結びついた両者が、生じている事象の二つの断片であるということは、すでに明らかであろう。

このように見るならば、目下の諸例においても、因果関係（単称因果言明）が物理法則とは独立に、それ自体として存立しうるとは考えがたい。それは、つねに一定の物理法則に先行され、それに基づいて、そこから二つの出来事を任意に切り出すことによって成立するのではないか。それゆえに、やはりかの「大前提」は、トートロジカルなテーゼなのではないだろうか。

もとより、物的出来事に関する因果関係に関しては、なおさまざまな事例がありえよう。しかし、もはやそれらには立ち入らないこととしよう。この因果関係に関する基本的な視点は提示されえたはずであろうから。

そこで次に私たちは、デイヴィドソンのいう心的出来事の関わる因果関係、つまりかの「小前提」に目を向けよう。それによれば、「心的出来事が物的出来事と因果的に関係する」という。しかし、こうした因果関係――単称因果言明――は、はたして本当に成立するのだろうか。

第3節　因果という問題的想念（心的出来事をめぐって）
――デイヴィドソン批判（2）

早速、この「小前提」の検討に入ろう。

行為は物的出来事か

まずは、デイヴィドソンの論議をあらためて確認しておこう。その論議とは、こうであった。「エクササイズをして体重を減らしたい」という思い（心的出来事）と、実際に「エクササイズをする」という行為とに関して、単称因果言明が成立する。すなわち、前者が後者を〈引き起こす〉、と。そうである限り、この心的出来事と行為とは因果的に関係しあっており、言うまでもなく前者（心的出来事）が「原因」で、後者（行為）がその「結果」である、と。

いま考察したいのは、この因果関係であり、その内実であるわけだが、まずは次のことを確認しておきたい。それは、「結果」である「行為」の、出来事としての性格である。それは心的出来事なのか、物的出来事なのか、と。もとより、それは身体という物体の動きであるという点では、物的出来事である。しかしそれは、単に物的出来事であるのではない。まさに「私」が行為するのであって、その限りでは、それは、むしろ心的な出来事と見なされよう。ここには明らかに、かの心身問題が絡むわけだが、いま、こうした「行為」はどう捉えておくべきなのだろうか。

それについては、先にはそれを物的出来事と見なした。というのも、デイヴィドソンがそう捉えようとしていると見なしうるからである。すなわち、かの「小前提」に表現されているように、心的出来事（私たちの思い）と物的出来事（身体運動としての行為）という、二つの性格の異なる出来事間に因果関係が存在する、と。しかし、実際には、私たちの行為を単に物的出来事と見なすことはできないだろう。それはやはり通常そう了解されるように、同時に心的出来事でもあると見なさざるをえないだろう。つまり、それは心的であると同時に物的でもある出来事――心的・物的出来事――である、と。そうであるとすれば、いま考察しようとするのは、心的出来事（選択・決定された限りでの私たちの思い）が、心的・物的出来事（行為）を因果的に引き起こす、という因果関係であることになろう。私たちはこのように了解したうえで、目下の問題の考察に入りたい。この関係とは、実のところどのような関係なのだろうか。はたして、ここには、本当に因果関係なるものが存在するのだろうか。

心的出来事は、行為に時間的に先行するか

まず、この因果関係に関して問いたいことは、この二つの出来事――心的出来事と行為と――の時間的な前後関係である。これについては、一般に、そしてまたデイヴィドソンにおいても、こう了解されていよう。すなわち、たとえば「エクササイズをして体重を減らしたい」と思うという心的出来事が先行し、それによって引き起こされる心的・物的出来事としての行為（エクササイズをする）が後続する、と。しかし、はたしてそうなのだろうか。

（1）そう問えば、おそらくは奇異に聞こえよう。というのも、通常、私たちはまず、いくつかの選択肢を前にして、ああでもない、こうでもないと考えるからである。エクササイズをすれば体重が減るだろう、しかし食事制限をしても、サプリメントを飲んでも減るだろう。しかし、いずれにしてもめんどうなので、何もしないでおこうか、と。そして、いよいよ「エクササイズをして体重を減らしたい」と思い定める。これが心的出来事である。そうであるな

らば、心的・物的出来事である行為——実際にエクササイズをする——は、当然これに後続するものと思われよう。

だが、これについて了解しておくべきことは、「エクササイズをして体重を減らしたい」との思いを固めたからといって、必ずしも実際のエクササイズが、それに後続するとは限らないということである。そのように思いを固めるということと、実際にエクササイズを行なうということとは別問題だからである。私たちは、どんなに強く、そのように思いを固めたとしても——実際それが強ければ強いほど、やめたいという気持ちもまた強いわけで——、たちまちやはりやめようかと思いを翻しうる。そうである限り、一般に「〜したい」と思うという心的出来事が存在したからといって、それに引き続いて心的・物的出来事としての行為がなされるとは限らないのである。

ただ、いま問題なのは、実際に心的・物的出来事としての行為がなされた場合である。はたして、その場合、当の思い（心的出来事）——デイヴィドソンのいう「基本理由」・「原因」——が先行し、引き続いて、行為（心的・物的出来事）がなされるということなのだろうか。これこそが問題である。だが、これについて、まずもってこう応答したい。それは、実はそうではない、つまり当の思いが先行し、行為がそれに後続するということではないのだ、と。というのも、いま述べたように、私たちが単に「〜したい」と思った（思いを固めた）ところで、単にそう思った（思いを固めた）だけでは、実際に行為がなされるわけではないからである。すなわち、先行する思いとは、やはり単なる思いであるにすぎないのである。そうである限り、それが「原因」となって行為を引き起こすということはないのである。

だが、そうであるとすると、それでは、実際に行為が引き起こされた場合、それを引き起こした思い——「原因」としての思い——とは、どのような思いなのだろうか。そして、その思いと実際の行為との時間関係は、どのようであるのだろうか。まずは、言うまでもないということにもなりそうだが、その思いとは、単なる思いではない。そうではなく、それはまさに当の行為を引き起こした〈引き起こす思い〉であるということになろう。ここにおいて、〈単なる思い〉と〈引き起こす思い〉とのちがいは重要である。すなわち、この両者は、行為を実際に引き起こすか、そうではないかという点で決定的に異なっているのである。つまり、繰り返しになるが、単なる思いが行為を引き起こすことはない。〈殺して恨みを晴らしたい〉〈親切にして晴れ晴れとした気分になりたい〉とどんなに強く思ったとしても、それが単なる思いにとどまっている限りは、その人を殺すことも親切にすることもない。それに対して、このことが現に実行されるとすれば、その思いはもはや単なる思いなのではなく、〈引き起こす思い〉なのである。明らかなように、この〈引き起こす思い〉こそが、デイヴィドソンの言う単なる「理由」ではない「原因」としての心的出来事である。

それでは——これが目下の問題であるわけだが——、このように了解されうる〈引き起こす思い〉（「原因」）とは、いつ生じるのだろうか（〈引き起こす思い〉と実際の行為との時間関係）。それについては、こう言いうるのではないだろうか。その〈思い〉が生じるのは正確に、当の行為がなされる、そのときなのだ、と。あるいは、当の行為が、一連のプロセスにおいて遂行されるのだとすれば、そのプロセスが開始された、そのときなのだ、と。というのも、〈引き起こす思い〉が生じるということは、それによって引き起こされる当の行為がなされる、あるいは一連のプロセスが開始されるということにほかならないであろうから。実際に殺人を犯すということは、それを犯そうという単なる思いではなく、それを〈引き起こす思い〉が生じたということ、そして実際に殺人を行なった、あるいはそこへと至る一連のプロセスを遂行したということであろう。人に親切にするという場合も、エクササイズをするという場合も同様だろう。実際にエクササイズをしたということは、単に「エクササイズをして体重を減らしたい」と思ったということではなく、この思いが、実際にエクササイズをするということを、あるいはそこへと至る一連のプロセスの開始を〈引き起こす思い〉となった、ということなのである。

（2）そうであるとするならば、あらためて問おう。「エクササイズをして体重を減らしたい」という思い（心的出来事）によって、「エクササイズをする」という行為（心的・物的出来事）――あるいは、そこへと至る一連のプロセス――が、引き起こされたという場合、この両出来事の時間的な関係はどうなのだろうか、と。ついては、こう言いうるだろう。その関係は、まず心的出来事が生じ、次いで心的・物的出来事（行為）が遂行されたということではない。そうではなく、両者、つまり〈引き起こす思い〉と、それによって引き起こされた出来事とは、正確に同時成立であろう、と。

さらに言うならば、この両者は、単にその成立が同時だというだけではない。そのうえ、その終了もまた同時であろう。というのも、（一連のプロセス――フィットネスクラブへ行って申し込みをする等々――をも経て）エクササイズをするという行為が遂行されるのは、正確に「エクササイズをして体重を減らしたい」という〈引き起こす思い〉が存続する間であり、またその間のみだからである。たとえば、一連のプロセスを実行する過程でやはりやめようと、あるいは実際にエクササイズを遂行している最中に疲れたからやめよう（〈やめて楽になりたい〉）と、やめることを〈引き起こす思い〉が生じた、そのときが、かの〈引き起こす思い〉の消えるときであり、また同時に、エクササイズを行なうことをやめるときである。その後は、どんなに「エクササイズをして……」と思うとしても、それが単なる思いである限り、エクササイズが遂行されることはない。エクササイズ（およびそこへと至る一連のプロセス）が遂行されるのは、再び〈引き起こす思い〉が生じたときであり、それが存続する限りにおいてである。これは、殺人や親切な振る舞いや、その他私たちのあらゆる振る舞いに関して言いうることであろう。すべて〈引き起こす思い〉が生じ、それが存続する限りにおいて、そしてその限りにおいてのみ、行為は遂行されるのである（本書一七四―一七五頁参照）。

このように見ることができるとするならば、目下の心的出来事（〈引き起こす思い〉）と心的・物的出来事（一連のプロセスを含む行為）との間に、時間的な前後関係は存在しない。両者の存在する時間はピッタリと一致し、そこにずれはまったくないのである（このずれに関するリベットの実験については、本書一八一―一八三頁参照）。

心的出来事と行為とは内容的に同一である

デイヴィドソンの論じる因果関係に関して、次に検討したいことは、「原因」とされる心的出来事と、「結果」とされる心的・物的出来事との間の内容的な関係性である。デイヴィドソンの例をあらためて再現するならば、次のようである。すなわち、「体重を減らしたいと思っており、そしてエクササイズをすれば体重が減るだろうと考えた」という心的出来事が、「エクササイズをする」という行為（心的・物的出来事）を引き起こす、と。ここにおいて、この両出来事の内容は、たしかに異なっているようにも見える。しかし問題は、はたしてそうなのだろうかということである。そうではなく、目下の「原因」と「結果」とは、内容的にまったく同一なのではないだろうか、と。というのも、その「原因」とは、これまでにそう表現してきたように、「エクササイズをして体重を減らしたい」という思いであろうから。そうであるならば、この「原因」とその「結果」とが、内容的に同一であることは明らかだろう。

なぜなら、エクササイズをするという行為は、とりもなおさず、「エクササイズをして体重を減らしたい」という思いの実行そのものなのだから。ここに「原因」としての〈引き起こす思い〉と、「結果」である行為〈エクササイズの実行〉とは、まったく同一の内容なのである。

このことは、そのほかの諸例に関しても同様である。すなわち、殺人にせよ、相手を殴りつけるにせよ、また思いとどまるにせよ、さらには会議に出る・出ない、仕事を引き受ける・断る、お年寄りに席を譲る・譲らない、目覚まし時計をセットする・しない、赤信号で交差点を渡る・渡らない、ある洋服、靴、職業を決める等々において、これらの〈一連のプロセスを含みうる〉行為と、それを〈引き起こす思い〉とはまったくの同一内容である。〈その人を殺して、この深い恨みを晴らしたい〉という思いで殺人を犯したとすれば、それは、〈その人を殺して、この恨みを晴らしたい〉という、この思いそのものの実行なのである。こうして、「原因」としての心的出来事〈〈引き起こす思い〉〉と、「結果」としての心的・物的出来事〈行為・振る舞い〉とは内容的にピッタリと一致しているのである。

心的出来事と行為との完全な一体性

さて、これまでに論じたとおりだとすると、「原因」としての心的出来事と、「結果」としての心的・物的出来事とは、時間的にも内容的にもピッタリと一致していることになろう。

(1) そうであるならば、決定的な事態が見えてこよう。それは、ここに二度表記される「心的」出来事が、相異なる別個の出来事であるとはおよそ考えられないだろう、両者は同一であろうということである。すなわち、「結果」つまり行為が物的出来事であると同時に心的出来事であるとすれば、その心的出来事とは、「原因」としての心的出来事にほかならないだろう、ということである。ここに存在しているのは、心的出来事である「原因」（〈引き起こす思い〉）と、心的出来事でも物的出来事でもある「結果」（行為）という、二つの出来事なのではなく、心的出来事でも物的出来事でもある、行為という唯一の出来事なのである。したがって、ここには、因果関係なるものも存在しないことになろう。なぜなら、「原因」なるものは存在せず、存在するのは「結果」のみなのだから。それゆえに、「結果」なるものも存在せず、存在するのはただ行為のみなのである。

しかしなお、こう論じられるかもしれない。たしかにそうかもしれないが、しかし、ここに唯一存在する行為なるものは、心的出来事であると同時に物的出来事であるという、いわば二重化された出来事であろう。そうであることにおいて、心的出来事が〈引き起こす思い〉であるということは依然として変わらないだろう。したがって、ここにはやはり〈引き起こし〉の関係、すなわち因果関係が成立しているのではないか。というのも、たとえば「エクササイズをして体重を減らしたい」という〈引き起こす思い〉（心的出来事・「原因」）が、それに相応じる物的出来事〈身体の動き・「結果」〉を引き起こしているのだから、と。

（2）しかし、そういう議論も成り立たない。こうした関係をめぐって、しばしば話題になるのは、〈手を上げる〉と〈手が上がる〉という、この両者の関係である。たとえば、いま「私」は手を上げてタクシーを拾いたいと思っている。つまり、私は〈手を上げる〉ことを考えている（手を上げ――て、タクシーを拾い――たいと思っている）。したがって、〈手を上げる〉という「私」の思いが、目下の〈引き起こす思い〉である。ついては、たしかに、〈手を上げる〉という「私」の思い（心的出来事）と、〈手が上がる〉という身体の運動（物的出来事）とは、相異なる二つの出来事であるように見える。そして、そこにあたかも因果関係があるかのように。しかし、そのようなものはどこにもないのである。というのも、しばしば論じられるように、「私」が実際に手を上げたときに、そこから〈手が上がる〉という身体の運動を引き抜いてみる。すると、そこになお〈手を上げる〉という「私」の思いが残るかというと、決してそうではないからである。そうではなく、それによって、〈手を上げる〉という「私」の思いも同時に消えてなくなってしまうのである。なぜなら、この思いとは、単なる思いではなく、〈引き起こす思い〉なのだから。〈引き起こす思い〉は、それによって引き起こされた出来事があってこそ、〈引き起こす思い〉である。したがって、引き起こされた出来事が消滅すれば、それを〈引き起こす思い〉もまた同時に消滅する。むろん、その逆でもある。両者はまさに表裏一体なのであって、その一方だけがあるということはおよそありえず、一方があるということは、いわば自動的に他方があるということである。したがって、一方がまずあって、それが他方を因果的に引き起こすということはありえない。表裏一体の一枚の紙があるのと同様に、そこにあるのは〈手を上げる〉と〈手が上がる〉とが一体である当の行為であり、それのみなのである。

エクササイズの場合も同様であろう。この場合も、「エクササイズをして体重を減らしたい」という〈引き起こす思い〉が、それに相応じる身体的動きを引き起こしている、と一般にイメージされる。しかしやはり、この両者のうちの一方だけを引き抜くということはできない。一方を引き抜けば、そのまま同時に他方も消えてなくなる。一方の存在は、そのまま他方の存在そのものである。そうであることにおいて、ここに存在するのは、当の行為——「エクササイズをして……」という思いの実行——のみなのである。そのほかの場合も、すべて同様である。

こうして、ここに因果関係は存在しない——単称因果言明は成立しない——。つまり、〈引き起こす思い〉が「原因」としてあって、身体的運動が「結果」として引き起こされるという関係は存在しない。〈引き起こす思い〉があるということが、とりもなおさず身体的運動があるということなのだから。ここに存在するのは、この両者が一体である――つまり、心的・物的出来事である――行為そのものであり、それのみなのである。

このことの意味は、私たちの論議に即すならば、こうである。すなわち、私たちが自らの振る舞い方を選択・決定するということが、そのまま〈引き起こす思い〉が成立するということであり、それはとりもなおさず、その振る舞い方を実行するということである、と。

(3)ここで、これまでに何度か言及した行為者因果ということにふれておくならば、こうなろう。行為者因果とは、目下の例に則せば、いま「私」が行為者として、エクササイズをすると決定するということ、このことが「原因」となって、その結果「私」はエクササイズを実行するに至るということである。その際この「原因」は、身体の動きや事柄の流れとは「別個の一要素」として、いわばそうした動きや流れの外から、そこに介入するというのである。しかし、すでに明らかなように、このような因果関係なるものはどこにも存在しないのである。というのも、エクササイズをするという私たちの選択・決定――〈引き起こす思い〉――は、つねに身体の動きとともにあり、それと一体であり、そうしたものとして事柄の流れに内在しているからである。そうであるならば、すでに行為者因果という想念自体がそもそも不成立なのだ、と言うことができるだろう。

マッチを擦る

最後にもう一つだけ、心的出来事に関わる因果関係の別種の例に検討を加えておこう。それは、先に物的出来事にかかわる事例として取り上げたもの――「マッチを擦る」ことによって「火がつく」――の一部、つまり「マッチを擦る」という行為である。これはむろん、手を上げる、エクササイズをする等とまったく同様で、その限り「マッチを擦って火をつけたい」という〈引き起こす思い〉（心的出来事）と、しかるべく身体が動くという身体運動（物的出来事）とからなる端的な一つの行為である。ただ、この行為は単なる身体運動ではなく、身体以外の物体と直接関係するのである。すなわち、そこにおいては、当の行為に応じて、マッチ棒やマッチ箱（物体）がしかるべく移動し、運動するのである。ここで検討しておきたいのは、この行為（心的・物的出来事）と物体の運動（物的出来事）との間の関係はどのようなものなのかである。ここに、はたして因果関係が存しているのだろうか。

もとより述べたいのは、ここに因果関係は存さないということである。というのも、目下の行為とは次のことにほかならないからである。すなわち、いまマッチを擦るべく、左右の手・指を器用に動かして、マッチ箱からマッチを一本取り出し、それをマッチ箱のヤスリ紙に狙いをつけて、シュッと擦る。この行為においては、それを行なうということは、とりもなおさず関係する物体、つまりマッチ箱やマッチ棒がしかるべく動くということ、そのことなのである。決して、「私」が行為するから、これらの物体が動くというわけではない。そうではなく、「私」が行為するということがそのまま、これらの物体が動くということなのである。このことは、先に言及した例、〈ドアノブに手をかけて、ぐるっと回したら、ドアノブが回った〉、〈イスを押したら、イスが動いた〉という事態とまったく同様なのである。すでに述べたように、「私」がドアノブに手をかけてぐるっと回すということは、そのままドアノブが回るということであり、イスをグッと押すということは、そのままイスが動くということである。ここにあるのは当の一つの行為——一つの出来事——である。本のページをめくるとか、しばしば話題になる、靴紐を結ぶとかという場合についてもまったく同様である（靴紐のないところで靴紐を結ぶ行為を行なうことはできない）。ここにも因果関係は存在しない。行為という心的・物的出来事と、そこに関係する物体の動き（物的出来事）との間に、因果関係はない。そこにあるのは、「私」が行為するという、その一事のみなのである。

「小前提」

私たちは心的出来事に関わるいわゆる因果関係の考察を行なってきたが、そもそものテーマに立ち返ろう。それは、「小前提」として提示された因果関係がはたして成立するのかどうかであった。その「小前提」を再現すればこうである。「心的出来事が物的出来事と因果的に関係する」。

だが、これまでの考察を踏まえれば、この因果関係——単称因果言明——は、やはり成立しないだろう。ここで提示されている「心的出来事」と「物的出来事」とは、それぞれ、私たちがある行為を遂行する際の動機・理由と、当の行為における身体運動（もしくは、心的・物的出来事である当の行為そのもの）とである。そして、「原因」としての「心的出来事」とは、〈引き起こす思い〉としての当の動機・理由である。そうであることにおいて、この〈引き起こす思い〉とそれによって引き起こされる身体運動（行為）とは、たしかに因果的に関係しあう出来事であるようにも見える。しかし、実はこの「原因」と「結果」とは——時間的にも内容的にも——ピッタリと一致する、つまり完全に一体なのである。したがって、両者が因果的に関係するということはありえない。ここに存在するのは唯一、当の行為そのものなのであり、それが端的に心的・物的出来事なのである。また、そうした行為と、何らかの物的出来事（たとえば、マッチ箱やマッチ棒の運動）との関係を考えたとしても、やはりそこに因果関係は存在しないのである。このように見るならば、目下の「小前提」は、全面的に不成立であるように思われる。「小前提」は、きわめて問題的なテーゼなのである。

因果論から法則論へ

私たちは、いまやデイヴィドソンの「非法則的一元論」の検討を終えることができるだろう。あらためて、この検討の全体を振り返るならば、まず言われるべきは、かの「大前提」が問題的であり、デイヴィドソンの提起するような意味では成立していないということである。というのも、因果関係が科学的な知見との関連で考察される限り、その関係が（デイヴィドソンの言うように）この知見とは独立に、それ自体として成立することはないであろうから。すなわち、因果関係は科学的な知見に全面的に依存し、それに先行され、したがってそれに解消される。そこにおいて因果関係とは、ある便宜的な関係性であるにすぎず、現に存在しているのは自然科学的な法則に従って推移する世界そのもの・宇宙そのものなのである。さらに、かの「小前提」も成立しない。心的出来事が、私たちの行為の「原因」になるということはない。というのも、私たちの行為はそれ自体、心的であると同時に物的な出来事なのであり、デイヴィドソンのいう心的出来事としての「原因」とは、こうした行為に内在する心的出来事なのだからである。それゆえに、それが「原因」であるということはありえない。こうして、目下の「大前提」も「小前提」も不成立であり、デイヴィドソンの論議つまり「非法則的一元論」なるものは成立しないと思われるのである。

もとより、この特有の「一元論」は、繰り返し述べたように、私たちの論議にとって一定の意味をもちうるものであった。すなわち、それは、私たちが自らの振る舞い方を選択・決定するという根本的な「自由」のあり方を、「存在論的に」確証するというものでありえたのである。しかし、その論議は不成立ということにならざるをえないだろう。

ここに至って重要なことは、世界〈宇宙〉のあり方としての因果関係なるものは、どこにも見いだすことができないということである。それは、ひたすら自然法則的に生起する世界〈宇宙〉の流れのなかから断片的に切り取られた出来事についての、任意に設定された関係にすぎない。その限り、私たちはこう言うことができるだろう。私たちは、因果関係というものを、世界〈宇宙〉のあり方としては、削除することができるだろう。私たちは、それを、世界〈宇宙〉のあり方から全面的に引きはがすことができるだろう、と。

そうであるならば、私たちの「自由」〈私たち自身による選択・決定、およびその際に成立する私たちの思い――〈引き起こす思い〉――〉と因果関係とを、デイヴィドソンのように肯定的に関係づけることも、しばしばなされるように、否定的に関係づけること――非両立性を説くということ――も、不要な論議であることになろう。つまり、私たちの「自由」と因果関係との関係性を問題にするということは、擬似的な問題設定なのである。「自由」の問題を考える際に、因果関係を考慮する必要はないし、また考慮するべきでもないのである。いまや私たちは、こう言うことができるだろう。自由と因果関係という問題設定に終止符を打つことができるであろう、と。

では、これによって伝統的な自由と必然性との問題は、総じて消えてなくなるのだろうか。むろんそう簡単ではない。というのも、すかさず新たな問題が浮上するからである。それは、法則的な必然性と私たちの「自由」との関係である。まさにデイヴィドソンの論議においてそうであったわけだが、私たちの世界〈宇宙〉は、完璧に物理法則によって貫かれていると考えられていた。そこに因果関係が取り込まれたわけだが、この関係は削除されるべきであると私たちは考えた。すると、その後に残るのは、世界〈宇宙〉の完璧な物理法則性なのである。では――新たな問題だが――この完璧な法則性と私たちの「自由」とは、どのような関係にあるのだろうか。

実際、この両者の関係を両立的に捉えることは、なかなか難しい。というのも、私たちの世界が完璧に物理法則的であるとすれば、やはり私たちが自由に振る舞う余地はまったくなくなってしまいそうだからである。しかし、私たちが依然自由であるのだとすると、この「自由」と完璧な物理法則性とは両立可能でなければならない。だが、それはどのようにして可能なのだろうか。

こうして、私たちは因果関係と自由の問題から、自然科学的な法則性と自由の問題へと転回する。

第4節　自然科学的法則性と自由との両立

――ヴァン・インワーゲンの示唆

いまや問題は、自然科学的な法則性と私たちの「自由」とは両立しうるのか、また両立しうるのだとすればどのようにしてなのか、である。

ヴァン・インワーゲンの決定論と非決定論

この問題をめぐって、近年話題の論議はヴァン・インワーゲンのそれである。その論議は、物理（自然）法則的決定論のもとで全面的に「自由」を否定するという、元も子もないものなのだが、これによって、問題の所在が明瞭になる。それを簡単に再現すればこうである。

（a）すべての瞬間に対して、その瞬間の世界の状態を表わす一つの命題が存在する。
（b）もしAとBがそれぞれある瞬間の世界の状態を表わす命題ならば、Aと物理法則の連言はBを含意する。

（I 186）

たしかに、この二つのテーゼを前提するならば、決定論は不可避であり、その後の論議はたどらなくとも、「自由」の成立はほとんど絶望的であろう。とにかく、たとえば、いま現在のこの世界の状態（B）は、宇宙の誕生直後のあるときの状態（A）と物理学の諸法則とによって一義的に定まるというのだから。つまり、宇宙が誕生したそのときに、以後の世界の状態は、宇宙にあまねく行き渡る諸々の自然法則によって完全に決定されているというわけである。したがって、自由の成立を認めようとするならば、このヴァン・インワーゲンの論議を反駁しなければならないということで、さまざまな批判的検討がなされるに至っている。しかし、私たちにとって興味深いのは、この決定論に対する直接的な反論ではなく、ヴァン・インワーゲンが目下の決定論と相並べる形で、非決定論の論議を展開しているることである。それによれば、私たちの世界は決定論的であるか、非決定論的であるかのどちらかである。それで、もし世界が決定論的であるとすれば、たしかに私たちの自由は否定されるであろう。しかし、世界がもし非決定論的であったとしても、私たちの自由は否定される。というのも、世界が非決定論的であるとすれば、世界のあり方を決定するのは総じて偶然であるということになろうから。したがって、そこには、やはり「自由」は存在しえないであろうから、と。ヴァン・インワーゲンの論述によればこうである。

もし諸法則が非決定論的であるとするならば、実際一つ以上の将来が、これらの諸法則、および現実の過去や現在と齟齬なく両立する。――しかしそうだとすると、これら複数の将来のうちのどれが現実となるのかについての選択を、いったい誰がなしうるのだろうか。どれが現実となるかは、まったくの偶然事なのではないか。

(My 370)

具体的には、こうである。

ある地点で、私に、分岐する二つの道筋が、自然によって提供されているとする。……この元の共通の道筋からの分岐によって図式的に示される事実は、この二つの将来のうちのいずれをも、私は熟慮の末、選択することができるということである。それゆえに、熟慮によって、どちらの将来を選択するべきかが決定される、ということはない。だが、そうだとすると、私がどちらの将来を選択するかは、いったい何によって決定されるのか。それは、ただ偶然によるとしか思えない。(My 371)

そして、結論である。

こうして、もし私たちのなす事が単に偶然事であるのだとするならば――どうだろうか。いったい誰が、それを自由とよぶだろうか。(My 370)

ヴァン・インワーゲンは、非決定論の論議にはいまひとつ自信がもてないと言いつつも（My 374）、このようにして、世界は決定論的であるにせよ、非決定論的であるにせよ、いずれにせよ、「自由」の存立する余地はない、と論じるのである。

完璧な物理法則性と自由との両立の問題を考察しようとする私たちにとって、このヴァン・インワーゲンの論議は、たしかにその糸口となりえよう。そうである限り、検討すべきは、ヴァン・インワーゲンの論議はどこまで正しいのかである。

法則性と非法則性との両立——非決定論的な世界

さて、ヴァン・インワーゲンの論議だが、それは世界を決定論的である場合と、非決定論的である場合とに区分している。その区分は、法則それ自体にも適用される。すなわち、法則が決定論的である場合（My 369）と、非決定論的である場合（My 370）とである。しかし、まず考えたいのは、法則それ自体が決定論的であるとは、どういうことなのかである。というのも、そのようなことは、ありえないように思えるからである。

先にも挙げた例だが、物体（ビリヤードボール）の運動を考えてみよう。この運動は完璧に法則的である。しかし、その運動が決定論的であるなどということはおよそないだろう。というのも、コロコロと転がっているボールを、私が止めてしまうこともできるし、別の方向に突いてしまうこともできる。また、地震が起きれば、およそ不定の動きをする。場合によっては、ビリヤード台が壊れて、ボールはその外に飛び出てしまうかもしれない。こうして、ボールは完全に非決定論的に動くからである。だがその際、そのすべての動きは完璧に法則的である。つまり法則はつねに完璧に成立するが、しかし、それは原理的に非決定論的なのである。

このことの意味することとは、法則に対しては、つねに外から非法則的に介入可能なのだということである。どんな法則的な出来事に対しても、外から非法則的に介入することができる。しかし、どのような介入を受けようとも、当の出来事は完璧に法則的なのである。ここに、完璧な法則性は、非法則性と両立する。そうであることにおいて、法則は、それ自体としては非決定論的なのである。

このことは、実は法則が非決定論的と見なされている場合でも、まったく同様なのである。すなわち、目下の例であるニュートン力学は、一般的には決定論的な法則であると考えられていよう。初期状態が決まれば、その後の物体の動きは、完璧にニュートン力学的に決定されると考えられるからである。つまり、そこには確率的な要因が含まれていないのである。それに対して、この要因を含む物理法則は、非決定論的でありうると了解されよう。その場合には、物事の初期状態が分かったとしても、それ以後の状態が、この物理法則によっては決定論的には決まらずに、無限に多様なものとなりうるからである。しかし、この多様な状態も結局、確率的には完璧に決定されていると言いうるのではないだろうか。その意味では、こうした法則も、ニュートン力学が決定論的であるのと同様に、決定論的であると言うことができるのではないか。物理法則は、その意味では、確率という要因を含もうが含むまいが、いずれにしても決定論的であると言えよう。だが、目下の論議は、こうした総じて決定論的と見なされる法則が、実はことごとく決定論的ではない、つまり世界を決定論的に統括することはないということである。すなわち、あるとき私がフッと息を吹きかけるだけで、その後の世界の状態――ボールの動きや空気の流れ――は、その都度法則に則って、あらためて計算し直さなければならないことになりうる。つまり、法則はつねに妥当するが、それが世界のあり方を決定論的に提示することはないのである。こうして法則は、それ自体非決定論的なのである。

このことを踏まえて、次に考えたいのは、世界が決定論的である、あるいは非決定論的であるとはどういうことなのかということである。これに関してヴァン・インワーゲンは、そのちがいは法則そのものが決定論的であるか、非決定論的であるかによると考えようとする。しかし、目下の論議によれば、法則そのものに決定論的であるとか、非決定論的であるとかという区分はない。いずれにしても法則はそれ自体、非決定論的なのである。では、世界のあり方のこのちがいは、何によるのだろうか。それは、こうなのではないか。すなわち、世界が決定論的であるとは、世界が完璧に法則的であり、かつその法則性には外部というものが存さない――外部からの介入がない――ということによる、と。その場合には、世界は完璧な物理法則に完全に満たされていよう。そうであるならば、そこに自由の成立する余地はないだろう。これに対して、世界が非決定論的であるとは、――ヴァン・インワーゲンの論議とは大きく異なり――世界が完璧に法則的であるにしても、その法則性には外部がある（外部からの介入がある）ということ、つまり世界は完璧な物理法則に完全には満たされていないということであろう。

たとえば、私たちの身体や、また脳なども、相当程度、物理的、化学的あるいは生理学的に、その法則的な動きが解明されてきているが、こうした動きが将来、完璧に法則化されたとしよう。その場合、この法則化において、もし外部が残されないのだとするならば、私たちの脳や身体の動きは完全に決定論的になりうるだろう。これに対して外部が残されるとすれば、その動きは非決定論的である、つまりそれがどのように動くかが、あらかじめ決定されることにはならないだろう。ただし、この場合でも、その動きはつねに完璧に法則化されている。にもかかわらず、それは非決定論的なのである。具体的には、こういうことである。すなわち、脳や身体がある一定の動きをすでにした限りにおいて、その動きはつねに完璧に法則化される、つまり完璧に法則的である。しかし、完璧に法則的な、全体としての当の動きそのものが、なぜ、そのような動きになったのかは不明である。つまり法則化できない。それは、起こってみなければ分からないのである（さらなる具体化については、本書一八〇―一八一頁参照）。

非決定論的な世界とは、こうした世界なのではないだろうか。ついてはヴァン・インワーゲンは、決定論的な世界のみでなく、非決定論的な世界においても、私たちの自由は不可能であると論じたわけだが、しかし、非決定論的な世界がいま捉えたような世界であるとしても、なお自由は不可能なのだろうか。むろん私たちの提示したいことは、そうではないということ、この非決定論的な世界においては、完璧な物理的（科学的）法則性と私たちの自由とが両立しうるということである。

偶然性と自由（1）――ヴァン・インワーゲンの論議のもとで

まずは、ヴァン・インワーゲンの論議を振り返るならば、非決定論的な世界においても「自由」が不可能であるとされたわけだが、それはこの世界における将来の決定（選択肢の決定）が、もっぱら偶然によることになるからであった。しかし、はたしてそうなのだろうか。

この点に関して、とりあえず見て取れることは、ヴァン・インワーゲンも、私たちのこれまでの論議と同様の脈絡をたどるということである。すなわち、私たちは自らの振る舞い方の分岐点に立ったとき、どんなに熟慮を重ねたとしても、どちらの振る舞い方を選択するべきかを決定することはできない、と。ただ、ここからの論議の展開が、私たちのそれとは異なる。すなわち、ヴァン・インワーゲンは、それゆえに、その決定はもっぱら偶然によってなされるというのである。

先に挙げた例によれば、会議に出席しようか欠席してしまおうか、あるいは、お年寄りに席を譲ろうか座ったままでいようか、考えている。その際には、ネーゲルもヴァン・インワーゲンも――次節で取り上げるサールも――そう論じるように、私たちは、そこでどんなに考えても結論を出すことはできない。では、どうするのかといえば、私たちの論議によれば、私たちは端的に実行するのであった。それは、〈理由なき自己決定〉と名づけうるものなのであった。

この私たちの最終的な選択・決定は、たしかに偶然事とも言いうるものである。なぜなら、それはいくつかの可能性のうちの一つの現実化なのだから。いくつかの事柄が起きる可能性があるなかで、そのうちの一つが現に起こったとすれば、偶然それが起こったということになる。目下の選択・決定がまさにこれである。したがって、それは、その限りではたしかに偶然事である。

しかし、それが、ヴァン・インワーゲンの言うように、「まったくの偶然事」である、「ただ、偶然による」ものである、と言うことはできるのだろうか。それはできない、というのが私たちの論議である。すなわち、それは偶然事ではあるが、単なる偶然事ではない。なぜなら、それは、ほかならぬこの「私」の選択・決定なのだからである。この選択・決定においては、いくつかの振る舞い方の分岐（選択肢）が現われて、その都度一つの振る舞いが単に偶然に決まっていくというわけではない。そうではなく、その決定は、ほかならぬ「私」の選択・決定なのであり、そうしたものとして、それは、「私」のうちに統一的に蓄積され、その都度「私」の歴史を紡ぎ出す、「私」――という自己意識――の構成素なのである。そうである限り、それは決して個々ばらばらの偶然事ではなく、「私」の自己意識的な遂行事なのである。

むろん、こうした振る舞いの選択・決定が、「私」の自己意識的な遂行事であるとなぜ言いうるのかと、さらに疑義を呈することはできるだろう。それは依然として、単なる偶然事であるかもしれないではないか、と。しかし、こうした疑義をめぐる論議については、すでに行なったとおりである。すなわち、こうした選択・決定が、「私」の自己意識的な遂行事ではなく、単なる偶然事であるという了解こそが、「たんなる印象」であるにすぎないのではないか。目下の選択・決定は、およそそうした「たんなる印象」ではなく、まさしく「たんなる印象以上のもの」であろう。というのも、こうして「私」が自己意識的に行為を遂行することにおいてこそ、ほかならぬこの「私」が存在すると言いうる――この「私」の存在が保証されうる（この「私」という「私」意識の一つの原点）――であろうから、と（本書四〇―四一頁参照）。

こうして、「私」の振る舞いの選択・決定は、「私」自身による自由な選択・決定であると、たしかに言いうるのではないか。そして、その振る舞いは、まさしく「私」自身の自由な振る舞いなのだ、と。

偶然性と自由（2）――ヘーゲル『論理学』において

こうした偶然性と自由の論議は、ヘーゲルによって、ほぼそのまま『論理学』において展開されている。引き続き、それを追っておきたい。

（1）まずは、こうである。

必然性は、それが消え去ることによってではなく、ただ、その内的な同一性が顕わになることによって、自由となる。……だが、同時に、また逆に偶然性が自由となる。（6.239）

「必然性」とは、一般的には因果必然性と捉えられよう。ヘーゲルの論議もそこから始まっている。しかし、先にもデイヴィドソンへの批判的論議で指摘したように、因果関係とは法則的な関係性へと解消するのであり、したがって、因果必然性とは実は法則的な必然性なのである。たとえば、一物体が他の物体に衝突したことが「原因」で、その結果他の物体が動き始めた、あるいはその速度方向が変わったという因果必然性とは、実は「衝突」=「両物体の運動の速度、方向の変化」（$m_1v_0=m_1v_1+m_2v_2$）という法則的必然性なのである。このこと――つまり、因果必然性とは実は、法則的必然性であることが明らかになるということ――が、ここで、こう表現されている。すなわち、「その［必然性の］内的な同一性［当の法則性そのもの］が顕わになること」である、と。したがって、ここでのヘーゲルの論旨は、まずは以下である。必然性とは因果必然性ではなく、実は法則的必然性である。つまり、必然性は、それが因果必然性と捉えられている限りでは消えてなくなる。しかし、そのことによって必然性そのものが消え去ってしまうのではない。そうではなく、それは、いまや法則的必然性であることが顕わになるのである、と。そしてさらに、それによって「必然性」は「自由」となるのだ、と。

だが、こうして「必然性」が「自由」となるとは、どういうことなのだろうか。ついては、念頭に置かれるべきことは、ここでのヘーゲルの論議（6.200ff.）が非決定論的な世界をめぐる論議なのだ、ということである。それゆえにまずは、必然性は同時に偶然性なのである。つまり、たとえばある物体どうしの衝突が、どこか大宇宙で起こったのだとすれば、それは――私たちの自由な介入がない限り――とりあえず、決定論的な世界の出来事である、と言いうるだろう。しかし、いまはそうではなく、非決定論的な世界をめぐる論議である。したがって、物体どうしの衝突を考えるとすれば、たとえば、それはビリヤード台上でのボールどうしの衝突である。これは、まちがいなく法則必然的な出来事である。しかし、それは同時に一つの可能的な出来事なのであり、その限りにおいて――私が、そのようにボールを突いたことによって――たまたま起こった偶然事なのである。

私たちの脳や身体の動きを考えたとしても、まったく同様に見て取ることができる。すなわち、その動きは――もし完全に法則化されているとすれば――完璧に法則必然的である。だが他方、それは目下の非決定論的な世界においては、その都度その都度ある仕方で動くことも、別様に動くことも、まったく動かないことも可能なのである。それゆえに、その都度その都度の動きは、法則必然的であると同時に、偶然的な動きでもある。

まさにここにある特有の事態が生じている。すなわち、目下の衝突や脳そして身体の動きは、一つの現実（現実性）であるが、同時にまた可能的なこと（可能性）であり、必然的なこと（法則的必然性）であり、そして偶然的なこと（偶然性）でもある、と。そして、こうした事態に関し、ヘーゲルはこう敷衍するのである。このような可能的であり、必然的であり、また偶然的でもある現実は、「自由」によって引き起こされるのだ、と。つまり、（「現実性」=「可能性」=「必然性」=「偶然性」）=「自由（性）」なのだ、と。

こうして――とりあえず定義的、断言的な論述に留まるが――、「必然性」は「自由」となる。さらには、「同時に、また逆に偶然性が自由となる」という。すなわち、繰り返しになるが、目下の衝突や私たちの脳や身体の動きという、必然的であると同時に偶然的な出来事は、私たちの「自由」によって引き起こされる（「偶然性」=「自由（性）」）というのである。

（2）こうした「自由」の論議は、なおこう敷衍される。

> 概念とは、それが自己自身と単純に関係することにおいて、絶対的な規定性なのだが、まったく同様に、ただ自らにのみ関係するものとして、直接的に単純な同一性である。(6.251f.)

ここでの「概念」とは、まずは目下の衝突や、脳・身体の動きであるのだが、それは「自己自身と単純に関係する」「絶対的な規定性」であるという。それは、「直接的に単純な同一性」であるともいう。その意味は、こういうことである。

> 概念は、それが、それ自体自由であるという、そのような現実在（Existenz）となった限り、自我［私］もしくは純粋な自己意識以外の何ものでもない。(6.253)

すなわち、目下の衝突や脳・身体の動き（「概念」）は「それ自体自由」――それ自体、「自由」によって引き起こされた「現実在」――であると見なしうるが、そうである限り、それは実は「自我［私］もしくは純粋な自己意識以外の何ものでもない」というのである。つまり、「自由」によって引き起こされた、当の衝突や脳・身体の動きは、ひたすら「私」自身なのだ、と。要するに、それは「私」(自我)が、「私」自身の「自由」によって生み出した「私」自身のあり方なのであり、そうしたものとして、それは自らの自己意識のうちに蓄積され、自らの歴史を刻む一コマなのだ、と。

こうして、「概念」とは、まずは目下の衝突や脳・身体の動きそのものなのだが、しかし、それは実はそうした衝突や動き等を包摂した「私」自身なのである。この「概念」——「私」自身——が、その前の引用文(6.251f.)で、こう言われていたのである。それは「自己自身と単純に関係する」、と。すなわち、「私」は目下の衝突や脳・身体の動きを包摂し、またそうした衝突や動きそのものでありつつ、それ自体としては、つねに端的に「私」自身である、と。そして、それはそうした衝突や身体の動き等のほか、無数の「私」のあり方(「規定性」)を、端的に(「絶対的に」)自分自身であるとして、自らのうちに包摂している。つまり、それ(「概念」・「私」)は、自らのすべての「規定性」を端的に包摂した「絶対的な規定性」である。そうしたものとして、「私」とは「直接的に単純な同一性」(「私」自身)である、と。

(3)このようにして、ヘーゲルによれば、一切は法則必然的なのである。しかし、そうしたなかで、ビリヤードボールの衝突や脳・身体の動き等は、起こることも起こらないことも可能な出来事であり、したがって偶然事である。だが、それは決して単なる偶然事ではない。そうではなく、「自由」によってこそ生じる出来事なのである。つまりそれは、「私」自身が自由に振る舞う、その振る舞い方なのであり、そうしたものとして、「私」自身の表出、あるいは「私」自身なのである。

このようにして、完璧な法則的必然性(ビリヤードボールの衝突や脳・身体の動き等)と、私たち人間の「自由」

とが、問題なく両立し併存する。

ただし、ヘーゲルの論議そのものに立ち入るならば、それは「自由」を、必ずしも人間の「自由」とは位置づけていない。『論理学』が、「創造以前の神の叙述」(5.44)である限り、そこでの「自由」とは、神の自由であると見ることもできる。そうであるならば、問題は、私たち人間の関わりうる範囲を大きく越えて、宇宙全体にまで及びうるのである。

ただ、いま確認すべきことは、完璧な法則的必然性と私たちの「自由」とは、両立可能だということ、完璧に法則必然的な世界においても、私たちは自由に振る舞うことができるのだということである。私たちは、この両立の論議を、ヘーゲル『論理学』のうちに見いだすことができるのである。

心的・物的出来事としての私たちの振る舞い

ヴァン・インワーゲンの言うように、たしかに私たちの世界は決定論的であるか、非決定論的であるかの、どちらかであろう。そして、それがたとえ決定論的であったとしても、「自由」の問題はある仕方では論じられえよう。しかし、「自由」というものが、いうならば存在論的に、あるいは形而上学的に了解されるならば、「自由」はやはり決定論的な世界とは相容れないものとなろう。「自由」は、非決定論的な世界においてこそ、了解されうるものとなろう。

それゆえに、私たちは非決定論的な世界観を採ることになろう。ただし、この点が重要なのだが、この非決定論的な世界においても、完璧な物理(自然)法則性は成立しうるのである。すでに論じたように、私たちの身体のすべてが完璧に法則化されたとすれば、手を上げるといった私たちの振る舞いは、完璧に物理法則的に生じることになり、そのようなものとして完全に説明可能となろう。しかし、たとえそうであるとしても、それは自由な振る舞いでありうるのである。なぜなら、その完全に法則化された振る舞いそのものが、いまここでなされたということ、このことは決して法則化されないからであり、それは「私」という自己意識においてなされたのだからである。

ただし、これは「私」という自己意識における思いが「原因」となって、その「結果」として私たちの振るまいが引き起こされた、ということでは決してない。そうではなく、繰り返しになるが、たとえば、私たちが手を上げようという〈引き起こす思い〉（心的出来事）が、そのまま手が上がるという物的出来事なのである。それを心的出来事と見れば、手を上げようという思いであり、物的出来事と見れば、手が上がるという物体的（身体的）運動なのである。それはまた、物的出来事として見れば、完璧に法則化された出来事であり、他方全体として見れば、それは、法則化することのできない自由な出来事、心的出来事である。こうして、私たちの振る舞いは、それ自体、心的・物的出来事なのである。

二層の「自由」——法則性と「自由」の両立

このように見るならば、私たちの自由な振る舞いは、二つのレベルで捉えることができるだろう。その一つは、いうならば身体レベルの「自由」である。つまり、私たちは、自らの身体を一定の法則性のもとで、自由に動かすことができるということである。

一定の法則性のもとで、ということの意味は、たとえば、私たちは首を横にひねって右側や左側の風景を見ることはできるが、そのまま後ろにまでひねることはできない、ということである。そのほか、私たちは一〇〇メートルを四秒や五秒で走ることはできないし、空を飛ぶこともできない。スーパーコンピューターのように、高速度で計算することもできない。私たちの身体（あるいは脳）は、一定の物理（自然）法則に従ってしか動きえないのである。しかしだからといって、身体（あるいは脳）は、決して全面的に物理法則によって支配されているわけではない。そうではなく、私たちは身体そして脳を、全体として自由に動かすことができるのである。すなわち、私たちは、物理法則に従って、歩き、走り、首を回し、手を上げる。そして何よりも、私たちは考える。だが、その動作そのもの、思考そのものは、私たち自身が物理法則には関わりなく（非法則的に）、もっぱら自分自身において遂行できるのである（本書一八〇―一八一頁参照）。

このレベルにおいては、物的出来事もしくは物理法則性と、心的出来事もしくは自由とが、分離することなく一体である。私たちの身体（あるいは脳）の運動は、それ自体、心的・物的出来事なのであり、両者を分離することはできない。

さらに私たちは、このレベルの「自由」をふまえて、物的出来事である外界に対して自由に振る舞う。これは、いうならば外界への振る舞いレベルの「自由」である。この場合には、まず私たちは、脳や身体の動きとともに、自由に考え自由に振る舞う。これに対して、物理法則的な外界の物的出来事は、それ自体として独立に存在し生起する。たとえば、目の前のボールやマッチ、本や靴紐、また石や雑草、そしてイヌやネコなどは、私たちがそれに関わろうが関わるまいが、それ自体として存在し、刻々物理法則的に変化変容しよう。こうして、ここにおいては私たちの「自由」と物理法則的な物的出来事が相互に独立して存在し、両立・併存している。そして、そのような両者が、ときに一体となって一つの心的・物的出来事を引き起こす。それは、私たちが物的出来事に対して関与し干渉するということである。つまり、私たちはボールを突き、マッチを擦り、本のページをめくり、靴紐を結び、石をどかし、雑草をむしり、イヌやネコを抱き上げる。外界においては、このようにして、そもそも相互に分離独立した、私たちの自由な振る舞いと物理法則的な物的出来事とが一体になることにおいて、私たちの「自由」が遂行されるのである。

ここで、目下の私たちにとっての問題に立ち返るならば、こうであった。完璧な法則性と私たちの「自由」とは、はたして両立しうるのだろうか、と。この問題をめぐっては、もはや多言の必要はないだろう。というのも、これまでの論議によって、この問題は解消しえたであろうからである。すなわち、ヴァン・インワーゲンの示唆のもとに、非決定論的な観点を採ることによって、法則性と非法則性との併存が可能となり、さらに、そこに「私」という自己意識の観点を重ね合わせることによって、法則性と「自由」との両立・併存が可能になろう、と。

第5節 「飛躍」の行為論――サールへの評価と批判

最後に、これまでの論議を踏まえつつ、サールの行為論に論及したい。というのも、それは重要な点で、私たちの論議と同一の見解を採ろうとするからである。これをたどることによって、私たちの論議がいっそう明確になるとともに、補完されることにもなろう。とはいえ、他方、サールの論議と私たちの論議との間には、ある根本的な相違が存している。さらに、この相違にも論及することによって、私たちの自由論の特質が、なお端的に呈示されることになろう。

「飛躍」

まずはサールの行為論の出発点だが、そこに見いだされるのは、これまでの私たちの論議と共通のものである。すなわち、私たちの事前の考慮が、その後の私たちの思いや行為を決定づけることはない——サールの表現によれば、前者（事前の考慮）が、後者（その後の思いや行為）の「因果的十分条件」（Rt 51）となることはない——という。この問題提起を、サールは「飛躍」という観点のもとで行なう。ついては、はじめに、「計画的な行為」がなされるに至る「順序」を次のように呈示する（Rt 47–49）。

信念と欲求に基づく熟慮→事前の意図→行為内意図→身体運動（行為＝行為内意図＋身体運動）〔訳は一部改変〕

エクササイズを遂行する例によるならば、こうである。すなわち、「信念と欲求に基づく熟慮」とは、体重が増えてしまったのでやせたいが、エクササイズをしようか、食事制限をしようか、どうしようかとさまざまに思いをめぐらすことであり、「事前の意図」とは、「エクササイズをして体重を減らしたい（エクササイズをしよう）」との思い（とりあえずの選択・決定）である。そして、いよいよエクササイズを始めたときに保持していた思い（最終的な選択・決定）、つまり〈引き起こす思い〉——内容的には「事前の意図」と同様——が「行為内意図」であり、いうまでもなく「身体運動」とはエクササイズをしている体の動きである。さらに、行為とは、先の私たちの論議によれば、〈引き起こす思い〉と身体の動きとが表裏一体であることにおいて遂行されるわけだが、そのことが、ここにおいて

「行為＝行為内意図＋身体運動」と表現されているのである。

さて、実際に行為が遂行されるに至る、この順序だったプロセスのうちに、「飛躍」が存在するという。その第一の「飛躍」とは、最初の矢印の際に生じるもので、「熟慮」と「事前の意図」とは必ずしもスムーズにはつながらない——そこに「飛躍」がある——という。すなわち、体重が増えてしまったのでエクササイズをしようか、食事制限をしようか、サプリメントを飲もうか、それとも放っておこうか、と私たちはさまざまに考える。しかし、そのようにあれこれと考えたからといって、自らがどう振る舞うかが、必ずしも決定されるわけではない。そこで、「飛躍」が遂行され、たとえば、エクササイズをしようと意を決するというのである。また第二の「飛躍」とは、二つ目の矢印の際に生じるとされる。すなわち、とにかくも私たちは〈エクササイズをしよう〉と思う（「事前の意図」）。しかし、そのように思ったからといって、実際にエクササイズを始めるかというと必ずしもそうではない。つまり、あらかじめの単なる思いは、必ずしも〈引き起こす思い〉（「行為内意図」）ではない。そこでもまた「飛躍」が行なわれ、実際にエクササイズを始めるにいたるというのである。

ただ、三つ目の矢印の際には、「飛躍」は存さないという。というのは、サールも〈引き起こす思い〉（「行為内意図」）と身体運動とは表裏一体の関係にあることを、問題なく認めるからである。とはいえ、第三の「飛躍」は存在する。それは「時間的な延長をもつ行為内意図の構造に見られるものである」という。すなわち、エクササイズをしている限り保持されている〈引き起こす思い〉——最終決定としての〈エクササイズをしよう〉——が、「時間的な延長をもつ行為内意図」であるわけだが、この思いは「活動の完了に至るまで……持続することを保証」されない。つまり、あるときプツッと切れてこの思いが消失し、エクササイズをやめてしまうということが起こりうる。なので、私たちはその都度がんばって（「飛躍」をして）、エクササイズを遂行するのだという。これが第三の「飛躍」である。

こうした「飛躍」の論議は、これまで私たちが重要な論点として取り上げてきたことと共通のものである。すなわち、私たちは自分がどう振る舞うかについて、どんなに熟慮を重ねたとしても、それによって自らの振る舞い方が決定されるというわけにはいかない。また決定したとしても、その決定通りに振る舞うかどうかは、実際に振る舞ってみなければ分からない。さらには、その振る舞いは当の〈引き起こす思い〉つまり「行為内意図」が保持されている限り、そしてその限りにおいてのみ遂行される。サールによれば、その間その都度「飛躍」が遂行されるというわけである。

このように見るならば、私たちの自由論は、ここでの「飛躍」――自由な決定――が、いかに遂行されるのかを明らかにする試みであると言うことができよう。そうである限り、サールの行為論もこれまでの私たちの論議と問題領域を完全に共有しているのである。

「自我」（「私」）の存在

では、サールは、このような「飛躍」がどのように遂行されると――私たちは、どのように自らの振る舞い方を決定すると――論じるのだろうか。この問題をめぐってサールが「たいへん不本意ながら」（Rt 75）、しかし断固として導入してくるのが、「自我」つまり「私」の存在なのである。これについて、サールはこう論じる。

われわれが飛躍の中でことを運ぶことを理解可能にするには、還元不可能な自我［私］の概念が必要である。

（Rt 74）

私に働きかける理由はいくつもあったのに、実際に効力があったのはそのひとつだけであり、どれを効力あるものとするかを選んだのは私である。すなわち、自分自身の行為について私の気づくかぎり、私のさまざまな信念や欲求は、私がある特定の仕方で行動することを引き起こすことはない。むしろ、どの欲求をふまえて行為するか、私が選ぶのである。（Rt 66）

ある理由をふまえて自由に行為するとき、人は当の行為において、その理由を選び、それに効力を与える……。（ibid.）

すべての効力ある理由は行為者によって効力を与えられることになる……。（ibid.）

サールのこの論議は、私たちが第1章で展開した自由論と同様のものである。つまり私たちは、複数の選択肢（選択理由）のただなかに置かれつつ、そのどれをも選択することができない。そこにおいては、どの選択肢（選択理由）も決定的なものではありえない――「私のさまざまな信念や欲求は、私がある特定の仕方で行動することを引き起こすことはない」――。なので、私たちは大いに迷う。しかし迷いつつも、私たち（「私」）自身がその決定をする。すなわち、いくつもある理由（選択肢）のなかのひとつを、「私」が効力あるものとする――「すべての効力ある理由は行為者によって効力を与えられることになる」――。しかも、結局それは「当の行為」を実行することによってこそなされるとも言われる。こうして、自らの振る舞い方を決定する「自我」(「私」)の存在、およびその振る舞いの実行が、私たちの自由な振る舞いにおいて、決定的な役割を果たすのである。

こうしたサールの論議にはまた、行為をめぐる「自由」と「必然性」との両立論が盛り込まれる。すなわち、その一方(「自由」)は、「還元不可能な自我[私]」のあり方である。「自我[私]」は、ひたすら「私」自身によって(自由に)選択・決定を行なう、つまり「飛躍」を行なう。それは心的出来事である。また、他方(「必然性」)は身体運動であり、法則必然的な――ただし、サールの表現によれば「先行する因果的十分条件によって決定されている」(Rt 277)――「実在」(Rt 278)である。つまり、それは物理(自然)法則的な物的出来事である。私たちの行為とは、この両者(「自由」と「必然性」)とが一体化したものであり、そうしたものとしての心的・物的出来事なのである。

こうしてサールが、私たちと同様の自由論を、また自由と必然性との両立論を展開しようとしていることは明らかだろう。そして、さらにサールは、この両立論に一歩踏み込む。すなわち、私たちの自由(自由な〈思い〉)と必然的な「実在」とが、私たちの身体において、どのように関係し合うのかということ、つまり、心的・物的出来事としての私たちの身体的振る舞いが、どのように成立するのかということを具体的に示そうとするのである。

「自由」と「必然性」との併存の具体化

問題は、サールの言う「行為内意図」(私たちの言う〈引き起こす思い〉)――たとえば手を上げようという私たちの思い――と、手が上がるという「実在」の動き(法則必然的な「身体運動」)とが、どのように関係し合うのか、どのように一体化しているのかである。これについてサールは、この一体化が脳内のどこかで起こっていると考える。では、脳内で、どういうことが起こっているのか。

（1）この問いに対し、サールはまずは第一の見解（「仮説1」）を提示する（Rt 281ff.）。それによれば、「実在」（物的出来事）は完璧に法則的であり、かつそれが「自我［私］」の動き（私たちの〈思い〉）のすべてを引き起こす。したがって、「自我［私］」の動き（私たちの〈思い〉）は、すべて完璧に法則的な「実在」に還元可能であり、その随伴現象である。にもかかわらず、「自我［私］」の動きはまったく非法則的である、つまり自由である、と。

振り返れば、デイヴィドソンが、こうした見解を採り、その見解を強力に推し進めようとしたわけだが、私たちの見る限り、それは成功していなかった。実際、この見解は維持しがたいと素朴に見なしえよう。というのも、ここにおいては、すべてが物的な出来事であり、完璧に法則的に必然的である。そして、私たちの〈思い〉（「行為内意図」）もこの物的出来事に還元される。つまり、それは、いずれにしても物的出来事の現われなのである。にもかかわらず、私たちの選択・決定は非法則的である、自由であるというのだから。この見解に対して、サール自身は明快にこう断言する。それは「きわめて不満足」である、と。そして、これをあっさりと却下する。

（2）次に、第二の見解（「仮説2」）が示されることになる（Rt 286ff.）。それによれば「心理的なレベル［自らの振る舞い方の選択・決定］における因果的十分条件の欠如［非法則性］に対応して、神経生物学のレベル［物的出来事］にも因果的十分条件の欠如［非法則性］が並行して存在する」（Rt 286）、と。すなわち、私たちは非法則的に、つまり自由に自らの振る舞い方を選択・決定するわけだが、それに応じて脳の一部も非法則的に動く。それによって、脳の一部において、私たちの〈思い〉（「行為内意図」）という心的出来事（「心理的なレベル」）と、脳の動きという物的出来事（「神経生物学のレベル」）との一体化がなされ、そこに自由な身体の動き（心的・物的出来事）のいわば発出点が形成される。たとえば、手を上げようという自由な思いが脳の一部に反映して、脳がしかるべく反応する。それ――この発出点の指令――によって手が上がる、というわけである。

だが、サールはこの自らの第二の見解に対しても不満を表明する。その理由は必ずしも明瞭ではないが、要するに、この見解においては「実在」（物的出来事）の完璧な法則性が維持できないということであろう。いうまでもなく、それによれば脳の一部が非法則的に動くのであり、したがって「実在」の法則性が破られてしまうのである。

（3）そこでサールは、この「仮説2」の修正案なるものを提起するに至る。それによれば、こうである。

> 第二の仮説［の修正案］は、心理的なレベルでの非決定性と神経生物学のレベルでの決定性という分裂を招くものではなく、むしろ、三人称的な存在論から見れば神経生物学的な要素だけからなるシステム［脳］全体が、意識ある合理的なシステムとして、一挙に前進するというものである。（Rt 288 訳は微修正）

この見解によれば、心的出来事（私たちの〈思い〉）と物的出来事（脳の動き）との一体化の場を、脳の一部に求めてはならない。そうではなく、それは脳全体に求めなければならない。すなわち、脳全体で起こることは、「三人称的な存在論」から見れば純粋に物的出来事である。しかし、脳全体は同時に一人称的な存在、つまり「意識ある合理的なシステム」でもありうる。そうである限り、そこで起こることはそれ自体同時に、心的でありうる。つまり、それは心的・物的出来事だというのである。

こうして、心的・物的出来事として自由な動きを見せるのは、脳の一部ではなく、脳の全体であるという。脳全体の動きは物的出来事であると同時に、「私」が自らの振る舞い方を自由に選択・決定するという心的出来事でもある。それゆえに、ここにおいては、「非法則性」つまり「自由」(「非決定性」)と、「物理的法則性」つまり「必然性」(「決定性」)とは、「分裂」せず一体化される。完璧に物理法則的であり必然的である脳が、全体として、非法則的で自由な動きを見せるというのである。

こうした見解は、私たちが先に論じた「自由」と「必然性」との両立論とほぼ同一であると言いえよう(本書一六二頁以下)。すなわち、脳あるいは身体は、ことによると完璧に法則的な動きとして捉えうる。しかし、たとえそうだとしても、脳や身体の全体が法則化されてしまうわけではない。法則化された脳や身体は、その外部に法則化されない部分をもちうる——とはいえ、この外部も脳もしくは身体の内部である——(法則性と非法則性との両立)。そうであることにおいて、完璧に法則的である脳や身体は、全体としては非法則的で自由に動きうるのである。

こうした脳や身体のあり方に関して、あまりにも単純なイメージを語るのは、適切ではないかもしれないが、あえて試みておこう。すなわち、脳もしくは身体を簡単な電気回路(もっとも単純なものであれば、電源と抵抗だけからなる直流回路)と想定しよう。すると、この回路においては、電源がどれほどの強さであろうと、また抵抗がどれほどであろうと、その都度電流は完璧に法則的に流れよう。つまり脳もしくは身体は、その都度完璧に法則的なのである。しかし、この回路に関して、その都度全体として、どれだけの強さの電圧がかかるのか、どれだけ強い抵抗が生じるのかは、まったく非法則的に決まる。というのも、それは目下の回路の外部に存する諸要因との一体性において——脳もしくは身体の全体において——決定されるからである。それゆえに、ここにどれだけの電流が流れるかは、一方で完璧に法則的であるが、しかし他方、まったく非法則的でもある。こうした法則的であり、かつ非法則的でもある電流の流れが、脳や身体の自由な動きである。それが心的・物的出来事なのである。

それゆえに、あえて言うならば、私たちは、脳の全体で考える、あるいは身体全体で考えるのである。そのようにして、私たちは自由に考え、自由に振る舞う。ただその際、脳や身体の回路論的な観点においては、その動きは完璧に必然的、つまり完璧に物理法則的なのである。

（4）こうして私たちは脳全体・身体全体で考えるというわけだが、その点で興味深いのは、有名なリベットの実験である。それによれば、私たちが何らかの行為を行なう際には、通常は、まず意志決定があって、それに続いて当の行為がなされると考えられる。だが実は順序は逆で、意志決定に先立って、その行為はすでになされ始める。つまり、まず脳がこの行為に向けた準備をし始める。私たちの意志決定は、その後ではじめてなされるに至るというのである（Mi 129-140）。

これはなはだ奇妙な話で、もしそうだとすれば、意志決定などは何の意味もないものとなってしまいそうである。すべては物的出来事である脳の動きによって決定され、心的出来事などというものは、ただの添え物であるかのように。だが、この実験の語ることは、必ずしもそういうことではないだろう。むしろ私たちの意志決定は、狭い意識野のうちでなされるものではないということなのではないか。私たちは、エクササイズをしようか、食事制限をしようかと――意識野のうちで――あれこれ考えてみても、どう振る舞うかを決めることはできない。たとえ決めたとしても（「事前の意図」の成立）、それが実行されるかどうかは分からない。それでは、振る舞い方はどう決定されるのかといえば、これまでの論議によれば、端的に振る舞いを実行することによってであった。それは、まさに脳全体・身体全体が考え、その全体によって遂行されるということではないだろうか。そして、この全体としての振る舞いの遂行——これまでの表現によれば、「行為内意図」もしくは〈引き起こす思い〉の成立——が、リベットの実験における脳の準備的な始動なのではないだろうか。

この脳の動きはたしかに物的出来事であるが、それには留まらない（この点はリベットも認める（Mi 100-101））。それはまさに脳全体・身体全体の動きであることによって、自由な心的出来事でもある。具体的にはその動きとは、ただ頭で考えるというだけでなく、普段からの心構えや、それまでに磨いたさまざまなセンス、身の振り方（さらには漠然とした気分や体調、そのほか性格や気質等々）が一体となって生み出されよう。そして、ここに生み出される動きこそが、ほかならぬ「私」の動きであり、「私」の振る舞いだろう（リベットはこのような「私」の自発性を、単に「拒否」や「中断」という「抑制」的な行為にのみ認めようとする（Mi 141-144）が、そのような限定は不要だろう（翻訳書一六七—一六八頁の訳注参照））。

ただ、そうであるにしても、「私」が意識野のうちで明示的に意志決定する以前に、「私」の振る舞いがなされ始めるということには、依然として少なからざる違和感が伴うだろう。しかし、自らを振り返るならば、あらゆる状況下で、意識野の「私」は一歩遅れて現われ出るのではないだろうか。「私」が思う、考える、感じる、欲する、喜ぶ、悲しむ、愛する、怒るなどという場合、「私」というものが明示的に意識野に現われるときには、それらのことはいつでもすでになされ始めてしまっているのではないか。明日何をしようかといま「私」は考えていると「私」が思うとき、すでにその思考は始まってしまっている。悲しい、苦しい、つらいと「私」が思うとき、すでに悲しい、苦しい、つらいという思いは生じてしまっている。怒り心頭だと「私」が思うとき、怒りはすでに心頭に発してしまっている。同様に、エクササイズをしようと「私」が明示的に決めたときには、エクササイズもしくはそこへのプロセスは、すでに始まっているのである。実に「私」とは、単にその都度明示的に意識される「私」に留まるものではなく、いうならば幅も深みもある持続的な存在なのである。

このように見るならば、私たちの振る舞いは、まさしく脳全体・身体全体で考えることにおいて選択・決定されるということになりえよう。それは、意識野に立ち現われる意志決定に先立ちうるのである。

(5) こうして私たちの振る舞いは、脳全体・身体全体で遂行されることにおいて、物的出来事であるとともに心的出来事でもある。物理法則的に必然的であるとともに自由でもある。物理法則的な必然性と自由とは問題なく両立する。ここでサールの論議に立ち返るならば、それもたしかに、この両立論に到達していた。だが、サールは意外にも、そこから撤退してしまう。脳(あるいは身体)の全体ということを考えたとしても、「心理的なレベルでの非決定性」(「自由」)と「神経生物学のレベルでの決定性」(完璧な法則性)とがいかに両立し一体化しうるのかは、実は「私には分からない」(Rt 289)と告白するのである。

しかし、サールがこのように撤退せざるをえなかったのは、世界あるいは宇宙を完璧な法則性で完全に満たされている、と考えたことによろう。つまりサールは、完璧な法則性に対する非法則的な外部というものを考えようとしなかったのである。もし、そのようにして、私たちの世界(宇宙)が隅から隅まで完璧な法則性に満たされているのだとするならば、法則性と「自由」とが両立するということは、はなはだしく困難であろう。その場合には、私たちの世界は決定論的なものとならざるをえない。それゆえに、その両立が可能であるとすれば、世界は非決定論的でなければならない。つまり、先に論じたように、完璧な法則性は、その外部の非法則性と併存していなければならないのである。そうであることにおいてこそ、サールの表現によれば、「心理的なレベルでの非決定性と神経生物学のレベルでの決定性という分裂」は回避されうるのではないだろうか。

「飛躍」の意味

私たちは、これまでにサールの行為論をたどり、そこに私たちと同様の「自由」と「必然性」との両立論を見いだし、その論議に立ち入った。それによって、私たちの自由論を補完し、いっそう明確にしようともした。だが、先にも述べたように、このサールの行為論と私たちの自由論との間には、実はある根本的な相違が存している。ここでは、私たちの論議を最終確認することを念頭におき、この根本的な相違に焦点を当てよう。その際、問題となるのはサールの言う「飛躍」の意味なのである。この意味が、サールと私たちでは根本的に異なるのである。

（1）まず、「飛躍」とは何かだが、それは、これまでの私たちの論議によれば、「理由」の欠落、つまり「理由」の空白のもとでなされるはずのものであった。すなわち、私たちが自らの振る舞い方を選択する際には、「理由（根拠）」の空白が生じる。というのも、そこにおいて、私たちはどんなに理由を並べ立てたとしても、それによって自らの振る舞い方を決定しうるわけではないからである。どんなに熟慮したとしても、それで自らの職業を決められるわけではないし、エクササイズをするか、食事制限をするか、決定できるわけではない。それゆえに、私たちは「飛躍」せざるをえない。何に頼ることもなく、端的に「私」自身において最終決定せざるをえないのである。

だが、不思議なことにサールは、この「理由」の空白というものを認めようとしない。ついては、次の二つのテーゼを併記する（Rt 80）。

1．行為には、いかなる種類の十分な説明も存在しない。行為はただ生じるのである。行為には、先行する因果的に十分な心理的原因はなく、ゆえに心理的な出来事としては、それはたんに恣意的で無作為に生じる。

2．行為には、先行する因果的に十分な心理的条件はないにせよ、適切な心理的説明は存在する。すなわち、私はある理由で行為を遂行したのである。たとえ、その理由が先行する十分な原因をなすのではないとしても、私はその理由でそれを行なったのである。

この両テーゼは明らかに、私たちの振る舞い（行為）が「理由」の空白においてなされるのか、そうでないのかをめぐって立てられたものである。もとより、テーゼ1が、その空白においてなされる――「いかなる種類の十分な説明も存在しない」――と主張するものである。それによれば、私たちの行為は、それに先立つ「心理的原因」によって否応なく決定されてしまう、つまり、その「原因」が「因果的に十分」であるということはない。さらには、私たちの行為が、何らかの仕方で十分に説明されるということ、すなわち、そこに何らかの十分な「理由」があるということもない。したがって、私たちの行為は「恣意的で無作為に」なされるのである、という。こうしたテーゼ1に関して、サールはこう言う。このテーゼが成立することはありえない。なぜなら、私たちの行為が「出し抜けに起こる無作為で恣意的な出来事」（ibid.）であるなどということは、とうていありえないからである、と。したがって、サールによれば、正しいのはテーゼ2である。それによれば、もとより、私たちの行為を決定してしまう「因果的に十分な心理的条件［原因］」は存在しないが、しかし、その行為が遂行されたことを適切に説明する、しかるべき「理由」は必ず存在する。そうであることにおいてこそ、その行為は私たち自身の遂行した行為なのだ、と。

（2）こうして、サールは、「理由」の空白というものを認めようとしない。だが、そうであるとすれば、なぜ、ここに「飛躍」が存在することになるのだろうか。というのも、いましがた述べたように、サールの言う「飛躍」は、「理由」の空白においてこそなされるものである、と思われるからである。繰り返すならば、私たちは、どんなに熟慮して理由を並べ立てたとしても、たとえばエクササイズをするのか、食事制限をするのか、何もやらないのかを決めることはできない。だから、そこに「飛躍」がなされるのである。これに対して、もししかるべく「理由」を挙げることによって決定がなされうるのであれば、そこに「飛躍」などというものは存在しないことになろう。しかし、サールは決してそうではないと言う。私たちが行為を遂行する際には、たしかにしかるべき「理由」がある。にもかかわらず、「飛躍」が存在するのだ、と。だが、なぜ、そう言いうるのだろうか。そこでの「飛躍」とは、いったい何なのだろうか。

それについては、かのテーゼを振り返ることによって明らかとなろう。そこにおいてサールは、いずれのテーゼにおいても、「先行する因果的に十分な心理的原因［条件］はない」と言っているのである。サールの言う「飛躍」は、これに関係する。すなわち、サールによれば、もし何らかの「先行する因果的に十分な原因［条件］」――つまり、因果必然性――が、あるとすれば、そこに「飛躍」はない。しかし、それがないとするならば、そこには「理由」のあるなしにかかわらず、「飛躍」は存在する。それゆえに、私たちの振る舞い方の決定には、「飛躍」が存在するというのである。

（3）だが、この論議はきわめて問題的なのである。というのも、それは次のような先入見によっているからである。すなわち、「実在」つまり物的出来事は、「先行する因果的に十分な原因［条件］」によって決定されているが、私たちの選択・決定つまり心的出来事は、これによって決定されてはいないのだ（Rt 50）、と。しかし、これまでの因果関係の検討から明らかになったように、「先行する因果的に十分な原因［条件］」などというものは、どこにも存在しないのである。振り返るならば、たとえば、〈マッチの点火〉は、〈爆発〉の「先行する因果的に十分な原因［条件］」ではない。では、「先行する因果的に十分な原因［条件］」とは何なのか。それは、あえて言うならば、〈引火性のガス〉＋〈マッチの点火〉、すなわち、引火性のガスが充満しているところでマッチを擦るということであろう。しかし、そうだとすれば、それは「先行する因果的に十分な原因［条件］」などではないのである。なぜなら、それは〈爆発〉が起こるという「結果」そのものなのだから。

それゆえに、実はこう言うことができるのである。ここにおいて、「先行する因果的に十分な原因［条件］」であると見なされている事柄、つまり〈引火性のガス〉＋〈マッチの点火〉とは、「原因」なのではなく、「十分な理由」なのだ、と。一般に何事であれ、それが生じるとすれば、そこには、それが生じるための「十分な理由」がある。そう私たちは考える。目下の要点も、そのことにほかならない。すなわち、引火性のガスが充満しているところでマッチを擦るということは、爆発が生じることの——「原因」ではなく——「十分な理由」なのである。それゆえに、ある出来事が「先行する因果的に十分な原因［条件］」によって決定されているとは、正しく表現すれば、その出来事が「十分な理由」によって決定されているということなのである（前著、第3章参照）。

このことを踏まえて、「飛躍」の論議に立ち返るならば、サールはこう言っていた。「先行する因果的に十分な原因

［条件］」があるとすれば、そこに「飛躍」はない（ibid.）、と。だが、本当はこうである。そこに「十分な理由」がある――「十分な理由」によって決定されている――とすれば、そこには「飛躍」はない、と。

こうして「飛躍」とは、「因果的に十分な原因［条件］」といったものとの関連で捉えられるべきものではなく、「理由」――「十分な理由」――との関連で了解されるべきものなのである。すなわち、ある出来事が生じた際、そこに「十分な理由」があるとすれば、「飛躍」は存在しない。引火性のガスが充満しているところでマッチを擦れば、爆発が起こる。ここに「飛躍」は存在しない。起こるべき事が必然的に起こっているのである。ところが、爆発するべき物質が何もないところでマッチを擦ったところ、爆発が起こった。とすれば、ここには「飛躍」が存することになる。爆発が起こる十分な理由が存在しないからである。しかし、物的出来事に関しては通常、こうした「飛躍」は起こらないのである。それに対して、「飛躍」は私たちの振る舞いに関しては起こりうる。なぜなら、そこには「十分な理由」が存さないからである。いずれにしても「飛躍」が生じるのは、「十分な理由」が存在しない場合であり、その場合のみなのである。

いまや明らかだろう。サールの言う「飛躍」が生じるのは、「因果的十分条件の欠如」（Rt 286, 288）などということにおいてではない。そうではなく、「十分な理由」の欠如――「理由」の空白――においてなのである。すでに論じたように、因果関係という観点は捨て去らなければならないのである。

（4）だが、サールは因果関係に固執した。それゆえに、「飛躍」を語りつつも、「理由」の空白というものを看過した、というより、拒否した。というのも、もし私たちが自らの振る舞い方を決定するプロセスに、「理由」の空白があるのだとすると、その振る舞いは、「出し抜けに起こる無作為で恣意的な出来事」であることになってしまうのだから、と。しかし、決してそうではないだろう。第1章で論じたように、私たちの選択肢の決定は、まさに「理由」の空白において遂行されるが、だからといって、その選択、つまり私たちの振る舞いが、「出し抜けに起こる無作為で恣意的な出来事」(「まったくの偶然事」)であるなどということには、およそならない。その選択における選択肢は、そのすべてが、しかるべく動機づけられ理由づけられており、それらを前に、私たちはしばしば深刻に悩み、迷うのである。それはまさに、そこに「理由」の空白が存している──最終決定をするための「理由(根拠)」が存さない──からである。そうしたなかで、私たちはぎりぎりの選択を行なう。その選択において、私たちは自分自身が試し試され、ときに、そこに自分自身の人間性がかかる。その選択とは、こうした深刻なものである。それが気楽にポンとくじを引くような、「出し抜けに起こる無作為で恣意的な出来事」であるなどということは、およそありえない。むしろそれは、「理由」の空白のなかで行なわれるからこそ、ほかの何のせい(理由)にすることもできずに、自らがそのすべてを背負う、言い訳無用の、端的に「私」自身による──自由な──選択なのである。

サールは、「理由」の空白のこうした重要な面を見落としたのではないだろうか。それゆえに、その行為論は、私たちと同様の方向へと展開されながらも、私たちの自由論とは根本的に異なるものとなった。すなわち、サールの行為論は、その後、理由論へと展開することになったのである。私たちの行為には、あくまでも「理由」がある。ついては、「妥当な理由の総体」(Rt 133)とは何なのか。この問題こそが追究されるべきである、と。だが、そうした──「理由」の空白を埋めてしまうような──「理由の総体」なるものは存在しない。サールがそれを存在すると考えたのは、要するに局面の異なる二つの「理由」を混同し、同一視したからである。すなわち、私たちの振る舞いは、ことごとく動機づけられ理由づけられているという意味での「理由」(動機・理由)と、そうした振る舞いを、私たちが選択する際の「理由」（理由・根拠）とである。この二つの「理由」を同一視することによって、サールは、「理由」の空白はないと断じたのである。しかし、後者の「理由」はあくまでも空白である。私たちは、この観点を貫く。それゆえに、私たちの自由論が理由論へと展開することはない。私たちの自由な振る舞い（行為）は、まさに「理由」の空白においてこそ遂行されるのだから。

（5）最後に、次の一節を引いておこう。

コースガードをはじめ多くの哲学者が、われわれは自発的行為を通じて自我を創り出すと主張した。もしそのとおりだとしたら、その自我の概念は、私がここで説明しているものとは似ても似つかない。彼らは、われわれは自らの性格や人柄を創り出すと言いたいのに違いない。他方、私のここでの論点は、行為が自我を創り出すというのではなく、行為は自我を前提するということである。(Rt 87)

サールは、「自我」（「私」）の概念を断固導入した。しかし、その「自我」（「私」）の行為に関して、「理由」の空白というものを認めようとしない。それゆえに、こうは考えない。すなわち、「自我」（「私」）は、その空白のただなかで、その都度自らの行為を遂行する。それによって、「自我」（「私」）は、自分自身を試し試され、自らの人間性を醸しだし、また、こうした自分自身を労苦して受け入れつつ、自らの歴史を刻む、とは。「理由」の空白というものを拒否したように、サールはこうした自我観をも拒否する。ここには、私たちの自由論との根本的な相違が存していよう。

私たちの自由論の根幹は、私たちが自由であるとは、私たちがその都度、自らの振る舞い方を、理由（根拠）のないなかで選択・決定し、選択・決定した自分自身を生き抜くということ、このことなのである。

おわりに

私たちが自由であるとは、いうまでもなく、私たちが思いどおりに振る舞うということである。たしかにそうなのだが、しかし、私たちが自分の思いどおりに振る舞うとは、いったいどういうことなのか。これは、難しい問題なのである。これを解くために、私たちは、選択可能性という視点を設定した。すなわち、私たちは、手を上げることも上げないこともできるし、立ったままでいることも座ることもできる。寿司を食べることも、そばを食べることもできる。そうした選択の可能性において、一つの選択肢を選び取ること、それが自由であるということなのではないか、と。

だが、このような自由の捉え方には、ある問題がはらまれている。それは、私たちの振る舞い方に関して、善悪が問われる場合である。たとえば、ある人に深い恨みを抱き、その人を殺したいと思った。しかし、人を殺すことは道徳的にも法律的にも許されないし、その後の自分の人生を考えても、それは思いとどまるべきであるとも思う。こうした場合、「私」が自由であるとは、やはり選択の可能性のうちに、つまり「私」はこのどちらをも選び取れるということのうちにあるのだろうか、と。少なくとも通常、そうは解されないだろう。そうではなく、この場合、私たちが自由であるとは、ひたすら一方を選び取ること、すなわち、衝動や欲望から解放されて、道徳的、法律的に正しいこと、よいことを選び取り実行することであると解されよう。実際、それが哲学の伝統的な立場でもある。

しかし、このような一般的な了解に対して、私たちは「自由」とはやはり、選択可能性のうちにあるという視点を維持した。私たちのいわば人間性そのものに根ざす「自由」とは、決して一方的に正しい、よい振る舞いをするということではなく、むしろ不正な、悪しきことをもやってしまうということなのではないか。このいずれか一方を自分自身が選択するという、この選択可能性のうちにこそ、私たちの「自由」は存しているのではないか。そして、こうした「自由」——つまり、選択可能性においていずれかを選択・決定するということ——において、その都度、私たちの人間性が定まるということにもなるのではないか、と。

こうした「自由」に関して重要なのは、選択肢を選択・決定する際には、およそ理由（根拠）は存在しないということであった。もとより、これについては必ずしも即座には同意が得られないだろう。右足から歩き始めるか左足からにするか、グーを出すかチョキを出すかなどについては、たしかに理由（根拠）はないのかもしれない。しかし、ある目的地に行く際に二つのルートa、bがあり、調べてみたところ他の条件はほぼ同じだが、ルートaの方が若干安価であった。それゆえに、ルートaを選択した。とすると、ここには明らかに理由（根拠）があろう。そして、こうした合理的な判断に基づく行為こそが自由な行為である、と一般に考えられよう。だが、このような合理性に基づく自由な行為とは、「私」がほかの何ものにもよらず、端的に「私」自身において行なう、まさに自由な行為——「私」自身の振る舞い——であるとは言えない。というのも、目下のルート選択の場合、同様の状況に至れば、だれもが同様に振る舞うことになるだろうから。「自由」とは、しかし、そのように一般的な振る舞いに解消するものではないのである。実際「自由」が、そうした合理性に解消するのであれば、私たち人間よりもすぐれた合理的判断をするロボットなどの方が、ずっと自由であることになろう。したがって、私たち人間が自由であるとは、そのような合理的な判断ではなく、それを超え出たところで遂行される、すぐれて「私」自身の、「私」固有のあり方であり、振る舞いでなければならない。では、それは、どのような振る舞いなのか。これに対して、私たちはこう応答した。それは、選択可能性のただなかで、理由・根拠のないまま選択・決定される振る舞い、つまり端的な実行である、と。

実際、少々考えをめぐらせてみるならば、私たちの多くの選択・決定が、このようにして決定的な理由（根拠）のないなかで端的に実行されていよう。たとえば、きょうの会議に出席しようか欠席しようか、その仕事を引き受けようか断ろうか、お年寄りに座席を譲ろうか譲るまいか等々といった選択をしなければならないときに。こうしたときに、私たちはさまざまな理由（根拠）をあげて、自らの振る舞い方を選択・決定しようとする。しかし、結局それはできない。できないまま、私たちはいずれかの振る舞いを端的に実行する。こうした決定的な理由（根拠）のないままの実行、つまり〈理由なき自己決定〉は、私たちのごく日常的な振る舞いのいたるところで、たとえば洋服や靴を買う、自らの進路、職業を選択・決定する等々といった場面でもなされていよう。それは、犯罪を犯すか思いとどまるかといった状況においても、まったく同様なのである。

このような〈理由なき自己決定〉において遂行される端的な振る舞いこそが、自由な振る舞いなのではないか。そしてまた、こうした自由な振る舞いにおいて、私たちはしばしば、自分自身がどういう人間であるのかを選択・決定していよう。犯罪を犯した、相手を殴りつけた、お年寄りに席を譲らなかったとすれば、私たちは自分がそういう人間であるということを、そのとき自ら選択・決定したのである。そこには、いかなる言い訳、つまり、自らの行為の自己正当化的な理由づけが入り込む余地はない。なぜなら、その振る舞いは、決定的な理由がおよそないなかで、ほかならぬ自分自身が端的に選択・決定したのだからである。

ただ、私たちは、このような〈理由なき自己決定〉を遂行するなかで、ときに、この自己決定において選択・決定した自分自身を、自ら受け入れることが困難になる。しかし、そういう受け入れがたい自分自身をも、すべて自ら認め受容して、ありのままの自分自身を生きることこそが、〈絶対的に自由である〉ということである。こうした「自由」のいわば究極の形態を、私たちはなお、ヘーゲルの自由論から読み取った。

もとより、このような「自由」が、この大宇宙のなかで本当に成立しているのかどうかということも大きな問題である。この大宇宙が、完璧に因果必然的であるとすれば、あるいは完璧に物理法則的であるとすれば、私たちが自由であるということが、はたしてありうるのだろうか。私たちは、たしかにそう考えよう。しかし、私たちの宇宙・世界が因果必然的であるなどということは、ありえないのである。ありうるとすれば、宇宙・世界が物理法則的に必然的であるということである。だが、宇宙・世界の必然性が物理法則的な必然性であるのだとするならば、それがたとえどんなに完璧な必然性であるとしても、それと「自由」とは両立する。その完璧な必然性のただなかで、私たちは自由でありうるのである。

こうして、たしかに私たちは自由でありえよう。そして、自由であるとは、あらためてとりまとめるならばこうなろう。それは、必ずしもよい、正しい、合理的なことを行なうことではない。そうではなく、そういうことをも一つの選択肢とすること。そして、それと相対立することを他の選択肢とし、その選択可能性において、私たちが自分自身において自らの振る舞い方を選択・決定すること。善悪という観点を離れて一般的に言えば、総じて自らの振る舞い方を、決定的な理由（根拠）のないなかで、ひたすら自分自身において選択・決定すること。さらには、こうした自らの選択・決定（振る舞いの端的な実行）を、その帰結とともにことごとく受け入れること。つまり、その都度の自分自身を、そのあるがままに認め受容すること。そのようにして生きること。私たちが自由であるとは、こういうことであろう。

引用文献

引用箇所の表記は、次の通りである。カントについては、I. Kant Gesammelte Schriften, hrsg. von Preuss. Akademie d. Wissenschaften、シェリングについては、F. W. J. Schellings sämtliche Werke, hrsg. von K.F.A. Schelling における巻数とページ数を示した。ヘーゲルについては、G. W. F. Hegel Werke in zwanzig Bänden（Theorie Werkausgabe Suhrkamp Verlag）による場合には単に巻数とページ数を、G. W. F. HEGEL GESAMMELTE WERKE, hrsg. von d. Rhein.-Westfäl. Akad. d. Wissenschaften による場合にはGWの略号の後に、巻数とページ数を記した（ただし、『法哲学』についてのみは、節（§）番号を表示した）。

そのほかの引用著作については、左記［］内の略号とページ数を示した。なお、表示した翻訳書については、訳文を当該書によった。訳者の方々に感謝の意を表したい。ただ、当訳文を若干修正した箇所があるが、それについてはその都度注記した。また、私の前著『因果論の超克——自由の成立に向けて』（東京大学出版会、二〇一〇年）については、「前著」と略称した。

Bratman, M. E., "Reflection, Planning and Temporally Extended Agency", in: *Structure of Agency*, Oxford University Press, 2007. [Rf]「反省・計画・時間的な幅を持った行為者性」竹内聖一訳、『自由と行為の哲学』（門脇俊介・野矢茂樹編・監修、春秋社、二〇一〇年）所収

——"Taking Plans Seriously", in: *The Review of Metaphysics*, Vol. 36, 1983. [Ta]「計画を重要視する」星川道人訳、『自由と行為の哲学』所収

Davidson, D., "Actions, Reasons, and Causes", in: Davidson, *Essays on Actions and Events*, Second Edition, Oxford University Press, 2001. [A]「行為・理由・原因」河島一郎訳、『自由と行為の哲学』所収

——*Essays on Actions and Events*.［E］『行為と出来事』服部裕幸・柴田正良訳、勁草書房、二〇〇九年

——*Truth, language, and history*, Oxford University Press, 2005.［Tr］『真理・言語・歴史』柏端達也他訳、春秋社、二〇一〇年

Frankfurt, H. G., "Alternate possibilities and moral responsibility", in: *The importance of what we care about*, Cambridge University Press, 1988.［Al］「選択可能性と道徳的責任」三ツ野陽介訳、『自由と行為の哲学』所収

Hegel, G. W. F., *Differenz des Fichteschen und Schellingschen Systems der Philosophie*, 1801.

——"Glauben und Wissen", 1802.

——"Über die wissenschaftlichen Behandlungsarten des Naturrechts", 1802/03.

——*Jenaer Systementwürfe I*, 1803/04.

——*Phänomenologie des Geistes*, 1807.

——*Wissenschaft der Logik*, 1812, 13, 16.

——*Grundlinien der Philosophie des Rechts*, 1821.

Inwagen, P. v., "The Mystery of Metaphysical Freedom", in: *Metaphysics: The Big Questions*, Blackwell, 1998.［My］

——"The Incompatibility of Free Will and Determinism", in: *Philosophical Studies: an international journal for philosophy in the analytic traditon*, Vol. 27, University of Minnesota Press, 1975.［I］「自由意志と決定論の両立不可能性」小池翔一訳、『自由と行為の哲学』所収

Kant, I., *Grundlegung der Metaphysik der Sitten*, 1785.

——*Religion innerhalb der Grenzen der bloßen Vernunft*, 1793.

Libet, B., *Mind time : the temporal factor in consciousness*, Harvard University Press, 2004.［Mi］『マインド・タイム：脳と意識の時間』下條伸輔訳、岩波書店、二〇〇五年

Negel, T., *The View from Nowhere*, Oxford University Press, 1986.［V］『どこでもないところからの眺め』中村昇他訳、春秋社、二〇〇九年

Schelling, F. W. J., "Philosophische Untersuchungen über die menschliche Freiheit und damit zusammenhängende Gegenstände", 1809.

Searle, J. R., *Rationality in Action*, The MIT Press, 2001.［Rt］『行為と合理性』塩野直之訳、勁草書房、二〇〇八年

あとがき

善悪という点に着目すれば、自由とは、よいことも悪いこともできるということである。そして、自由の究極のあり方とは、よいことも悪いこともする自分というものを、そのあるがままに受け入れて、あるがままの自分を生きることである。このように私たちは考えたわけだが、それはたしかに悪事を正当化しているかのようにも聞こえる。すなわち、私たちは犯罪も犯しうる。だが、それを犯してしまう自分自身をも、あるがままに受け入れ、あるがままの自分を素直に生きればそれでいいのだ——それが自由というものなのだ——というのだから。しかし、これは決して悪事の正当化論ではない。その受容論なのである。

もとより、ある人が悪事を犯したとすれば、それは、相応の罰によってきちんと贖われなければならない。悪事とは悪いこと、つまりトートロジカルにやってはいけないことなのだから。それを正当化することはおよそできない。しかし、その犯行者を全面的に指弾できるかといえば、それはまた別である。実際その者に石つぶてを投げられる人は、どれくらいいるのだろうか。

むろん私たちは、おおむね悪事には無縁であろう。自分が悪事を働くなどとはおよそ考えない。なので、そのようなことをした人たちに、思い切り非難を浴びせかける。お決まりのニュース番組の尻馬に乗るかのようにして。けれども、私たちが悪事に無縁であるのは、単に運がよかったからではないのか。幸運だったから、悪事をなすような人間にはならず、悪事をなす動機も生じることがなく、そうした選択肢に迫られないというだけなのではないか。少し運の巡りがちがっていれば、私たちのだれもが、深刻にその選択肢を抱え込み、悪事を選択することもありえたのではないか。私たちはたまたまそういう状況にはない。しかし、事と次第によっては、悪事もなしうるのが私たちであろう——いついかなる状況であろうとも決して悪事をなさないという人を考えるのは、やはり難しい——。こういう私たち自身をも認めて受容する。そうすることによってのみ私たちは、単なるきれい事ではない真実を語り、生きることができるのではないだろうか。

振り返るならば、近年日本社会では、一方的に法的な厳罰化が進められるといった場面、あるいは、医療、教育等の現場にこのうえない完璧さが突きつけられるといった場面等が垣間見られよう。むしろ悪事は相応に贖われるべきである。医療、教育等に過誤があってはならない。しかし、悪事や過誤は憎んでも、人間そのものは憎むべきではないであろう。いま、あまりにもこうした人間に対する寛容さが失われてしまっているように見える。赦しというものを私たちは、全面喪失してしまったかのように（ちなみに、赦しと刑罰とは両立する。相応の罰で贖うことをもって赦すということである）。

善人と悪人をきれいに二分することはできない。誰もが悪事をなしえよう。また、誰も物事を完璧に行なうことなどできない。私たちはつねに過ちを犯しうる。こうしたことを見据えてこそ、自分という人間をもありのままに受け止めうる。それによって私たちは、本当の意味であるがままに、自由に生きることができる。ひいては社会も、本当の意味で自由な社会になりうるのではないか。自由とはこうして、善をも悪をも行ないうるということ、そして、このことを全面的に受容することなのではないか。

前著『因果論の超克——自由の成立にむけて』において、まことに拙いものではあるが、私の思いとしては、カントの『純粋理性批判』に当たるものを論述した。その最終章に自由論を付したが、不完全な論議に留まった。その不備を補うべく、次著は『実践理性批判』に当たるものとしたいと述べたが、それが本書である——ただし、内容的にはカント書とはまったく異なるものであるが——。善・悪、責任というテーマを一つの焦点としつつ、基本的に前著の自由論を引き継ぐ本書だが、いっそう説得的に展開されていればと願っている。

本書を書き上げるに際しては、滝沢正之くんをはじめとする東京大学哲学研究室の院生諸君が徹底した批判的検討を加えてくれた。また、欧米の自由論、行為論の専門家にも助言を仰ぎ、丁寧なご教示を得た。心より感謝の意を表したい。むろん、なおあるであろう不備や誤りの責は、言うまでもなく私にある。

さらに、心より感謝を申したいもう一方は、東京大学出版会の小暮明氏である。氏は、文中多すぎる読点を除きつつ、頻繁に繰り返される語や文を的確に指摘し、私の文章を添削をするように修正してくれた。それによって本書は格段に読みやすいものとなった次第である。

また最後に一言付すならば、カントは第三の批判書として『判断力批判』を書したが、私にはそれはない。本書で完結する。

二〇一三年五月

髙山　守

著者略歴
1948 年　東京に生まれる
1973 年　東京大学文学部卒業
1975 年　東京大学大学院人文科学研究科修士課程修了
1977 年　同博士課程中退
1995 年　東京大学大学院人文社会系研究科教授
2001 年　京都大学博士（文学）取得
現　在　東京大学名誉教授

主要著書
『ヘーゲル哲学と無の論理』（東京大学出版会，2001 年）
『ヘーゲルを読む』（放送大学教育振興会，2003 年）
『因果論の超克――自由の成立にむけて』（東京大学出版会，2010年）

自由論の構築　自分自身を生きるために

2013 年 7 月 4 日　初　版

［検印廃止］

著　者　髙山《たかやま》　守《まもる》

発行所　一般財団法人　東京大学出版会
代表者　渡辺　浩
113-8654 東京都文京区本郷7-3-1 東大構内
http://www.utp.or.jp/
電話 03-3811-8814　Fax 03-3812-6958
振替 00160-6-59964

組　版　有限会社プログレス
印刷所　株式会社ヒライ
製本所　誠製本株式会社

ISBN 978-4-13-010125-7　Printed in Japan